otonatabi premium

バルセロナ
BARCELONA

日本から✈フライト時間
約16時間〜
日本からバルセロナへの直行便はない

バルセロナの空港
エル・プラット空港 ▶P.164
バルセロナ市内へ空港バスで約35分

ビザ
90日以内の観光なら不要

通貨と換算レート
ユーロ（€）
€1＝約122.2円（2020年1月現在）

チップ
習慣はあるが義務ではない
▶P.167

言語
スペイン語（カスティーリャ語）、
カタルーニャ語

時差

東京

| 0 | 1 | 2 | 3 | 4 | 5 | 6 | 7 | 8 | 9 | 10 | 11 | 12 | 13 | 14 | 15 | 16 | 17 | 18 | 19 | 20 | 21 | 22 | 23 |

バルセロナ

| 16 | 17 | 18 | 19 | 20 | 21 | 22 | 23 | 0 | 1 | 2 | 3 | 4 | 5 | 6 | 7 | 8 | 9 | 10 | 11 | 12 | 13 | 14 | 15 |

バルセロナ（夏時間）

| 17 | 18 | 19 | 20 | 21 | 22 | 23 | 0 | 1 | 2 | 3 | 4 | 5 | 6 | 7 | 8 | 9 | 10 | 11 | 12 | 13 | 14 | 15 | 16 |

日本時間の前日

夏時間は、3月最終日曜の深夜2時〜10月最終日曜の深夜3時

ハルカナ バルセロナ

CONTENTS

- バルセロナへようこそ！ … 4
- 旅の基本情報 … 8
  - バルセロナのエリアと主要スポット … 8
  - 滞在のキホン … 10
  - バルセロナのいま！最新情報 … 12
- 至福のバルセロナ モデルプラン … 14

バルセロナでぜったいしたい11のコト … 21
BEST 11 THINGS TO DO IN BACELONA

- 01 サグラダ・ファミリアに100年の祈りを見る … 22
- 02 ガウディ建築の描く曲線美に心奪われる … 30
- 03 斬新な驚きに満ちた街に点在する近代建築 … 38
- 04 ピカソ、ミロ、ダリ カタルーニャ前衛の到達点 … 44
- 05 街を見渡す眺望スポット … 52
- 06 プラタナスの並木が美しいランブラス通りを歩く … 56
- 07 飲んで食べて楽しい！バルにハマる! … 60
- 08 カバのワイナリー訪問 … 68
- 09 熱狂のリーガ・エスパニョーラ … 72
- 10 フラメンコに心揺さぶられる … 74
- 11 近郊の街へ行く … 76
  - モンセラット … 76
  - タラゴナ … 80
  - ジローナ … 82
  - コロニア・グエル … 84
  - シッチェス … 85
  - マヨルカ島 … 86
  - イビサ島 … 90

GOURMET … 91
グルメ

- 食べたいものを食べる！ … 92
- エル・ブジ … 94
- ガストロノミー … 96
- カタルーニャ料理の老舗 … 98
- パエーリャ … 100
- シーフード … 102
- スイーツ … 104
- チュロス … 106
- カフェ … 108
- フードコート … 110

SHOPPING … 111
ショッピング

- 欲しいものであふれるバルセロナ！ … 112
- バルセロナ発ブランド … 114
  - カジュアル・ファッション … 114
  - シューズ＆スニーカー … 116
  - アクセサリー＆バッグ … 118
- セレクトショップ … 120
- 雑貨 … 122
- 陶器 … 126
- コスメ … 128
- マーケット … 130
- デパート＆スーパー … 132
- オリーブオイル … 134
- お菓子＆食品 … 136
- チョコレート … 138

©iStock.com/Ihor_Tailwind

AREA WALKING…139
歩いて楽しむバルセロナ

ゴシック地区…140
ボルン地区…142
ラバル地区…144
グラシア通り周辺…146
バルセロネータ…148
モンジュイック…150
バルセロナ・シティ・ツアー…152
バルセロナの劇場…154

HOTEL…155
ホテル

気分もスタイリッシュ！
　デザインホテル5選　…156
歴史を感じるクラシックホテル5選…158
ホテルリスト…160

旅の基本情報…161
バルセロナの足跡…172
インデックス…174

本書の使い方

●本書に掲載の情報は2019年11月〜2020年1月の取材・調査によるものです。料金、営業時間、休業日、メニューや商品の内容などが、本書発売後に変更される場合がありますので、事前にご確認ください。
●本書に紹介したショップ、レストランなどとの個人的なトラブルに関しましては、当社では一切の責任を負いかねますので、あらかじめご了承ください。
●料金・価格は「€」で表記しています。また表示している金額とは別に、税やサービス料がかかる場合があります。
●電話番号は、市外局番から表示しています。日本から電話をする場合には→P.161を参照ください。
●営業時間、開館時間は実際に利用できる時間を示しています。ラストオーダー(LO)や最終入館の時間が決められている場合は別途表示してあります。
●休業日に関しては、基本的に年末年始、祝祭日などを除く定休日のみを記載しています。

本文マーク凡例

☎ 電話番号　　　　　　　　予約が必要、または望ましい
最寄り駅、バス停などからのアクセス　　クレジットカードが利用できる
地下鉄駅
所在地　Hはホテル内にあることを示しています
休 定休日
料 料金
HP 公式ホームページ

地図凡例

★ 観光・見どころ　　R 飲食店　　M マーケット
博物館・美術館　　C カフェ　　N ナイトスポット
教会　　SC ショッピングセンター　H 宿泊施設
E 劇場　　S ショップ　　空港

あなたのエネルギッシュな好奇心に寄り添って、この本はバルセロナ滞在のいちばんの友だちです！

#グエル公園

ハルカナ旅　BARCELONA

バルセロナへようこそ！
誰よりもステキな旅を！
あなただけの思い出づくり！

ガウディ！この大天才に会いにバルセロナへ来た！

#サグラダ・ファミリア聖堂

サグラダ・ファミリア聖堂

#カタルーニャ音楽堂

これほど豊かな文化が
街中にあふれる都市も珍しい。
地中海の光を浴びて、街は
ミロの絵のように明るく
ピカソのように誇り高く、
一方ガウディは街を制して
傲然と才能を剥き出しにしている。
食文化もスペインでは格別！
街の虜になったあなたを
カタルーニャの熱い風が包む。

リャンベール

バルがなかったら
バルセロナじゃない！

気楽に、陽気に、
昼も、夜も、飲んで食べて

#タスケタ・ブライ
#ピンチョス

#サン・ジョセップ市場
©iStock.com/zoroasto

ニノット市場

#オリーブオイル

市場のぞきは街さんぽの
マストアイテム

ティビダボや
モンジュイックの丘から

モンジュイックの丘

#ティビダボ
©iStock.com/JorgeBurneoCeli

北西50キロ
奇岩の群れは祈りの丘

モンセラット

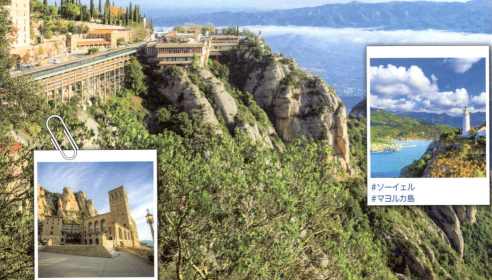

#ソーイェル
#マヨルカ島

#モンセラットの聖堂

出発前に知っておきたい
ハルカナ ✈ 旅の基本情報

どこに何がある？
どこで何する？

街はこうなっています！
バルセロナのエリアと主要スポット

サグラダ・ファミリア聖堂など世界遺産が集まるバルセロナの街。
観光の中心となる街歩きエリアの位置を押さえておこう。

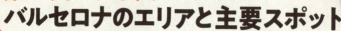
どこもかしこもインスタ映えのグエル公園

バルセロナはココ

ガウディ建築を堪能できる街
A アシャンプラ
● L'Eixample

観光にショッピングに外せない！

現在も建築中のサグラダ・ファミリア聖堂やカサ・ミラ（ラ・ペドレラ）などガウディ建築物が集中するエリア。モデルニズム建築が残るグラシア通りはブランド街としておしゃれなショップが並ぶ。

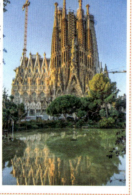

市街と港が見渡せるビュースポット
B モンジュイック ▶P150
● Montjuïc

市街一望のスポットで街並み展望

広大なモンジュイックの丘にはオリンピックスタジアム、ミロ美術館にカタルーニャ考古学博物館などが点在。モンジュイック城からはバルセロナの街のパノラマが広がる。

スペイン
マドリード
ミリャーレス邸の門
カンプ・ノウ・スタジアム
3号線
カルラス大通り
1号線
5号線
ローマ通り
パラレル通り
スペイン村
ラバル地区 C
カタルーニャ美術館
カタルーニャ考古学博物館
ミロ美術館
B モンジュイック
モンジュイック城
0　500m

バルセロナってこんな街

古くから城塞が置かれていたモンジュイックの丘と、交易都市として栄えた歴史を伝える港町・バルセロネータに挟まれて、中世の街並みを残す旧市街が広がる。旧市街の周囲で正方形に区画されている一帯が、19世紀に整備された「拡張地区」を意味するアシャンプラ。街の区画は東西南北ではなく海岸線に合わせて作られていて、バルセロナの地図は約45度傾いているので、地図アプリと併用する際は注意しよう。地下鉄やバスも発達しているが、思わぬ店の発見ができる散策もおすすめ。

旅の基本情報

バルセロナのエリアと主要スポット

国際色豊かに活気づくエリア
C ラバル地区 ▶P.144
● Raval

市民の台所・サン・ジョセップ市場（ラ・ボケリア）市場

移民の街としてかつてはスラム化していたが、再開発されてトレンド感のある店が増えている。特に地元のデザイナーが発信するファッションや雑貨の店に注目したい。

中世の香り漂う路地の旧市街
D ゴシック地区 ▶P.140
● Barri Gòtic

ローマ時代の城壁で囲まれた古くから栄えた地区。密集する石積みの建物と迷路のような路地の間に、教会、美術館、バルやカフェ、おしゃれなショップが点在する。

新旧が融合するおしゃれな路地
E ボルン地区 ▶P.142
● El Born

旧市街の趣深い路地に、星を獲得したレストランから多国籍料理を味わえるバルに、洗練された個性的なブティックなどが揃い、地元の人にも人気があるエリア。

人気のウォーターフロント
F バルセロネータ ▶P.148
● Barceloneta

リゾート気分たっぷりのシーサイド

昔ながらの港町の風情を残しながら、再開発で多彩なレジャー施設が集まるポルト・ベイや砂浜が広がるビーチなど地中海の雰囲気が楽しめる。シーフード料理が有名。

ハルカナ → 旅の基本情報

まずはこれをチェック！
滞在のキホン

芸術、自然、グルメ、ショッピング。魅力いっぱいの
バルセロナに出かける前に基本情報を知っておこう。

スペインの基本

- **地域名(国名)**
  スペイン王国
  Reino de España
- **首都**
  マドリード
- **人口**
  約4693万人
  (2019年1月推計)
  バルセロナの人口は
  約162万人
- **面積**
  約50万6000km²
- **言語**
  スペイン語(カスティーリャ語)、カタルーニャ語など
- **宗教**
  主にカトリック
- **政体**
  議会君主制
- **元首**
  フェリペ6世(2014年6月～)

日本からの飛行時間
乗り換え時間を含めて最短で16時間～

日本からバルセロナへの直通便はないが、他のヨーロッパの都市、中東、韓国など、乗り継ぎ便の選択肢は豊富。所要時間が短いのはパリやアムステルダムなど近隣都市を経由する便で、所要16～20時間程度。特に同じスペインのマドリード便にこだわる必要はない。
エル・プラット空港 ▶P.164

為替レート&両替
€1(ユーロ)=約122.2円。銀行、両替所を利用

ユーロは一般的に日本国内での両替がレートが良い。ある程度は出発前に両替しておこう。現地にも日本円を扱う銀行や両替所があるが利用できる時間帯が限られるため、クレジットカードの利用がおすすめ。

パスポート&ビザ
パスポートの有効期限に注意

スペインとシェンゲン協定加盟国(→P.162)への滞在が過去180日で90日以内であれば、観光目的の日本人はビザが不要。ただしシェンゲン協定加盟国出国予定日からパスポート有効残存期間が3カ月必要。

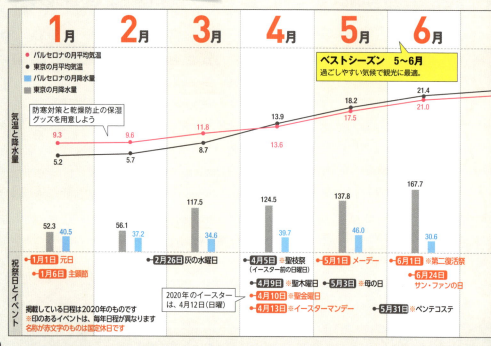

旅の基本情報

日本との時差

※2021年を最後にEU全体でサマータイムは廃止される予定となっている

- 日本との時差は−8時間。日本が正午のとき、バルセロナは午前4時。サマータイム期間は−7時間の時差

東京	0	1	2	3	4	5	6	7	8	9	10	11	12	13	14	15	16	17	18	19	20	21	22	23
バルセロナ	16	17	18	19	20	21	22	23	0	1	2	3	4	5	6	7	8	9	10	11	12	13	14	15
バルセロナ（夏時間）	17	18	19	20	21	22	23	0	1	2	3	4	5	6	7	8	9	10	11	12	13	14	15	16

言語

- 基本はスペイン語、カタルーニャ語

バルセロナのあるカタルーニャ州の公用語は、スペイン語（カスティーリャ語）とカタルーニャ語など。カタルーニャ語は固有の言葉として重要視されているため、看板も多くがカタルーニャ語表記が第一に書かれている。住人の多くは両方の言語を理解することができる。多くの移民が暮らしているのと、観光業が盛んなため、英語が通じる場所も多い。

物価＆チップ ▶P.167

- チップの習慣はあるが義務ではない

バルセロナは観光客向けの店が多く、食費は高くなりがち。チップは義務ではないので、難しければ払わなくても問題ない。感謝の気持ちにコインを渡す程度で。

交通事情

- 地下鉄が便利だが、犯罪には気をつけて

街全体をめぐっている地下鉄が基本となる移動手段。ただし、地下鉄車内や駅は観光客を狙ったすりや置き引きが多いのでしっかりと対策を（→P.171）。混雑する時間帯はタクシーを利用したい。道路は右側通行で、普段とは気をつける方向が逆なので要注意。

サマータイム

- 切り替わる日のフライトには注意

スペインをはじめとしたEU諸国では3月の最終日曜から10月の最終日曜までサマータイムとなり、標準時を1時間進めている。切り替わる日のフライト出発時刻など、間違えないように気をつけよう。サマータイム中の特に6・7月は、21時近くまで日は沈まない。

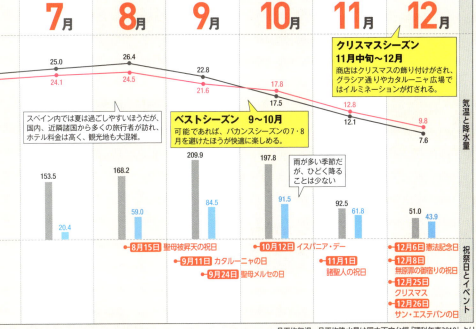

月平均気温、月平均降水量は国立天文台編『理科年表2019』より

NEWS & TOPICS

BARCELONA 2016-2020

バルセロナのいま！最新情報

ハズせない街のトレンド！

2019年6月

サグラダ・ファミリアで最大の塔建築開始 137年を経て正式な建築許可も取得

ガウディ没後2026年の完成予定に向けて、建築が進むバルセロナの象徴、サグラダ・ファミリア聖堂。生誕、受難、栄光の各ファサードを結んだ中心に位置する最大の塔、イエスの塔の建設が2019年開始された。塔全体は172.5mの高さで、内部は高さ144mの部分までエレベーターやらせん階段で上ることができる予定。また2019年には聖堂建設がバルセロナ市から正式に許可されたことも話題になった。建築開始当時に必要な手続きが行われなかったため、建築許可が無効になっており、違法建築の状態が続いていたのだという。2020年は、イエスの塔をはじめとする塔の建築が進められ、聖堂の正面にあたる栄光のファサードのプロジェクトが始動する。

サグラダ・ファミリア聖堂 ▶P23
Basílica de la Sagrada Família
アシャンプラ MAP 付録P.7 E-4

イエスの塔の完成後はヨーロッパで最も高い宗教建築に

受難のファサード上部の十字架は2018年7月に設置された

2018年12月

玄関口のエル・プラット空港の正式名称が変更に

エル・プラット空港の正式名称が「ジョセップ・タラデリャス・バルセロナ・エル・プラット空港」に変更された。ジョセップ・タラデリャスは、スペイン内戦後、亡命先でカタルーニャ州政府首相を務め、1977年のカタルーニャ自治復活を実現した人物。激化するカタルーニャ独立運動への政府による懐柔策のひとつだという。

エル・プラット空港 ▶P164
Aeroport Josep Tarradellas Barcelona-El Prat
エル・プラット空港 MAP 付録P.3 D-3

看板などの表記はシンプルに「Aeroport」が多い

2019年6月

グラナダへのAVEが運行開始

スペイン南部の都市グラナダへ、高速鉄道AVEが運行を開始した。バルセロナからも直行便が1日1本運行しており、所要は6時間20分。スペインでも有数の観光地アルハンブラ宮殿があり人気の都市グラナダを、バルセロナと組み合わせる旅程も、実現しやすいものになった。

バルセロナの出発駅はサンツ駅

建築が進むサグラダ・ファミリア聖堂のように、
日々、変化を続ける大都市、バルセロナ。
最新の情報をチェックしよう。

旅の基本情報

バルセロナのいま！最新情報

2018年5月オープン
サン・アントニ市場が リニューアル・オープン

2009年から続いていた改修工事が、ついに終了。1882年築の歴史ある建物の外観は残しながらも、近代的なマーケットとして生まれ変わった。観光客向けではなく地元密着型で整備されたため、飲食店やみやげ物店はあまりないが、市場ならではの活気に満ち、訪ねる価値ありのスポットとなっている。

魚介や果物を見てまわるだけでも楽しい

サン・アントニ市場
Mercat de Sant Antoni ▶P131
アシャンプラ MAP 付録P.9 D-2

2017年9月〜
ユニクロがスペイン進出 1号店はバルセロナに！

世界中で展開されているユニクロだが、ライバルとされるザラの本拠地であるスペインにはこれまで進出していなかった。2017年にバルセロナの目抜き通りであるグラシア通りに1号店を出店。以降、2020年1月現在、早くも3店舗が出店している。

ユニクロ グラシア通り店
UNIQLO Passeig de Gràcia Barcelona
グラシア通り MAP 付録P.13 D-4
☎936-283600 交 M2・3・4号線Passeig de Gràciaパセッジ・デ・グラシア駅から徒歩3分 所 Passeig de Gràcia 18 営 10:00〜21:00 休 日曜

一等地に出店。その後マドリードにも進出している

2020年1月
交通機関チケットが変更に

バルセロナの公共交通機関の料金設定が2020年に大きく変更された。複数人で使え、運賃も割安になり、観光に便利だった10回乗車のチケットT-10は廃止に。新しく登場した10回券T-カジュアルは、複数人での同時利用は不可となった。1カ月の使用期限があるT-ファミリアーが複数人用のチケットとなる（2020年3月〜）。

2016年6月
「空港から地下鉄」は 便利？便利ではない？

2016年6月に開通した地下鉄9号線の南線。エル・プラット空港ターミナル1から乗車できて便利に思えるが、評判はいまひとつ。中心部へ行くには必ず乗り換えなくてはならず、乗車に特別料金が必要なため安くもない。カンプ・ノウ付近にホテルを取っている場合を除いては、残念ながら利用価値は高くない。利用する際は、1日券T-ディアやオラ・バルセロナであれば特別料金が不要で、料金を節約できる。

2019年9月オープン
ランブラス通りで 憧れのバルサグッズを

バルセロナで最も観光客が集まるランブラス通りに、FCバルセロナの新しいオフィシャルショップがオープンした。FCバルセロナ発祥の地にも近いこの地は、かつて新聞社があり、バルサの試合結果を待つファンが集った場所でもあるという。

バルサ・ストア カナレタス
Barça Store Canaletes
ランブラス通り MAP 付録P.14 C-2
☎902-189900 交 M3号線Liceuリセウ駅から徒歩3分 所 La Rambla 124 営 10:00〜21:00 休 日曜

3フロアある大型店で、たいていのグッズは揃う

13

BARCELONA TRAVEL PLAN

至福のバルセロナ モデルプラン

定番＋ハルカナおすすめ Do it！

ガウディに代表される19世紀末芸術が街の広範囲に広がるバルセロナ。
少ない日数で欲張ってまわる効率的なプランをご提案。

とびっきりの 4泊6日

旅行には何日必要？

大人のバルセロナを満喫するなら

4泊6日 以上

日本との往復にまるまる2日かかるので、1週間の予定なら現地で過ごせるのは中5日。1週間が無理でも見どころ満載、美食の街バルセロナを満喫するには最低でも4泊6日はほしい。

プランの組み立て方

❖ **観光スポットの予約**
サグラダ・ファミリア聖堂はじめグエル公園などガウディ作品はチケット購入に行列ができるほどの人気。当日券が売り切れることもあるので予約しておきたい。各公式サイト（英語）で予約・購入できる。

❖ **ランチタイム、ディナータイム**
店によって営業時間が違うので、立ち寄りスポットの近くでサクッと済ませるランチ、夜は遅くまでやっているので予約していくディナー。食事は旅の重要なアイテムなのでどちらも満喫のプランを立てたい。

❖ **レストランの予約**
人気店は予約したい。プランどおりにいくかどうか時間の設定が難しいので、事前にスマホに電話番号を登録しておいて、予約は途中でフレキシブルに。

❖ **移動手段**
バルセロナは地下鉄や市バスの路線網が発達しており、タクシーも多いので、効率よくまわるには何を使えばいいか事前によくチェックしておく。主要スポットを巡るツーリストバスはいたるところにあるバス停で乗降できるので便利。

DAY 1

【移動】日本 ➡ バルセロナ

日本発 夕方～夜 ★ バルセロナ着

日本からバルセロナへの直行便はなく、日本を夕方～夜に発って約16時間でバルセロナ着。

↑空港ではターミナル1に到着する

20:00 バルセロナ到着

20:00→空港からエアポートバス利用で約35分

ホテルまで直接行けるタクシーが楽だが約€30と高い。エアポートバスは中心地まで€5.90、地下鉄は€5.15。

21:30 ホテルにチェックインし、ディナーへ　🍴DINNER

スペインの夜は遅く、21時でもディナーには遅くないが、明日にそなえてホテル内か近場のレストランで。

DAY 2

【移動】バルセロナ市内

ガウディ満喫の一日。バルセロナ最大の見どころサグラダ・ファミリアから、ガウディ建築群を巡る。

↑主祭壇の十字架に磔にされたキリスト像

9:00 まずはサグラダ・ファミリア聖堂へ!! ▶P23

地下鉄サグラダ・ファミリア駅からすぐ。天高くそびえるその姿に圧倒される。堂内各所を巡るには2時間はほしい。

> ガウディの意思を引き継いだ人々の手によって建設が続き完成予定は2026年

アドバイス
地下博物館と生誕のファサードにあるミュージアムショップはここでしか買えないグッズがあり必見。

カサ・ミラ（ラ・ペドレラ）へサグラダ・ファミリア駅から地下鉄移動で約3分

至福のバルセロナ モデルプラン

11:00 ガウディの傑作建築群を巡る ▶P30

通りを見物しながら歩く

グラシア通りにはカサ・ミラ（ラ・ペドレラ）、カサ・バトリョが通り沿いにあり、歩いて行ける。

カサ・ミラ（ラ・ペドレラ）はガウディの住宅建築の代表作

↑カサ・バトリョはガウディの装飾芸術満載

こちらもおすすめ
モデルニスモは19世紀カタルーニャ芸術の精華

モンタネールやカダファルクが作ったアール・ヌーヴォー様式の建築群は、ガウディ建築にも劣らないほど芸術性が高く見逃せない。

 ▶P38

↑サン・パウ病院は細部に装飾が

↑ラス・プンシャス集合住宅

13:00 ランチは気軽にフードコートで ▶P110

地下鉄でアルフォンス・デウ駅へ。シャトルバスで15分

エル・ナシオナルはバルセロナ最大のフードコートで内装もおしゃれ。

↑もちろんバルも充実している

15:00 ガウディの魅力が詰まったグエル公園へ ▶P30

ガウディとパトロンのグエル氏の夢が詰まった宝石箱のような庭園。市内が見渡せる広場やガウディがかつて暮らした住居が残る。

色とりどりのタイルで飾られたメルヘンチックな建物が楽しい

カタルーニャ広場へ戻り、シャトルバスで移動

17:00 フニクラに乗ってティビダボの丘へ ▶P52

標高535mの丘は市内が一望できる。遊園地があって地元で人気のデートコース。

シャトルバスで移動

19:00 グラシア通りに戻ってショッピング ▶P146

旧市街までタクシー利用で15分

高級ブランドのショップやカフェが軒を連ねる。ガウディと同時代に設計された華麗な街灯も見逃せない。

↑サンタ・エウラリアやビンバ・イ・ロラなどファッションショップが充実

21:00 フラメンコを鑑賞しながらタブラオでディナー ▶P75

ランブラス通りにある老舗タブラオ・コルドベス

「タブラオ」は板張りの舞台があるレストランやバルのこと。迫力満点のフラメンコを生で見ると食欲もモリモリ!!

【移動】バルセロナ市内

DAY 3

ローマ時代から続くバルセロナの歴史が詰まった旧市街。活気あふれる街並みをすみずみまで楽しもう。

8:30

カタルーニャ広場から旧市街散策を始める

旧市街のメインストリート、ランブラス通りの起点となるカタルーニャ広場から通りをそれて南に向かって散策開始。

徒歩7分

9:00

モデルニスモ建築の傑作 カタルーニャ音楽堂へ ▶P38

モンタネールの最高傑作といわれる色とりどりの花の装飾が見事な音楽堂は、現在もコンサートホールとして稼働中。

王の広場の噴水のあるパティオを囲む回廊

徒歩5分

細部にわたって手の込んだ華麗なステンドグラスで囲まれた大ホール

11:30

王の広場周辺の歴史スポットをめぐる ▶P.140

ゴシック地区のなかで最も由緒ある王の広場。隣接するカテドラルは完成までに150年を要した13〜15世紀の建物。

コロンブスが新大陸発見後イサベル女王に謁見した歴史的な場所

10:30

サンタ・カタリーナ市場でカタルーニャ食材を探る ▶P43

古い市場を「現代のガウディ」と呼ばれたエンリケ・ミラーレスが改築。買い物客は地元住民ばかりの地域密着型。

イベリコ豚の生ハムやチョリソが大盛り

徒歩5分

徒歩7分

↑バルセロナの守護聖人を祀るカテドラル

至福のバルセロナ モデルプラン

13:00 カタルーニャの名物料理を老舗レストランで ▶P46

かつてピカソやミロが通ったことで知られるカフェレストランで、芸術家たちが愛したカタルーニャ料理を堪能する。

LUNCH

↑クアトラ・ガッツは1897年の創業

徒歩5分

14:30 街路樹が美しいランブラス通りへ ▶P56

海へと延びるランブラス通りはプラタナスの並木が続く。遊歩道には露店のみやげ物屋が並び観光客で賑わう。

ランブラス通りはいつも多くの観光客で賑わっている

徒歩すぐ

14:40 賑わいが楽しいサン・ジョセップ市場に行く ▶P58

ラ・ボケリアの名で親しまれる市民の台所。スペイン各地から新鮮な野菜や肉、魚介、フルーツが集まる食材の宝庫。

徒歩5分

スペイン随一の規模を誇り、一流レストランのシェフも足を運ぶ

15:30 アラブ風な建物が目を引くグエル邸へ ▶P.34

ガウディ初期の建築で、地下は馬小屋、1階は馬車庫、2階はサロン、3階は寝室、4階が使用人部屋と厨房だった。

↑最もガウディ的装飾のサロン

徒歩14分

17:00 サンタ・マリア・デル・マル教会でひと休み ▶P.142

航海の安全を祈って建てられた、無駄な装飾のないすっきりしたゴシック様式の教会。街歩きで疲れた体にやさしい場所。

↑天井から洩れる光もやわらか

徒歩2分

17:30 ピカソ美術館もバルセロナ観光では外せない ▶P.44

多感な思春期をこの街で過ごしたピカソの9歳から「青の時代」を中心に展示。ベラスケスの名画『ラス・メニーナス』をアレンジした作品も観られる。

徒歩すぐ

かつて貴族の館であった建物を改装して1963年にオープン

19:30 気軽なバルで晩ごはん旧市街には名店が並ぶ

DINNER

カサ・ロレア、イラティ、エルチェなど、どの店も期待を裏切らない味。老舗、新進気鋭、地方色豊かと店の特色も多彩だ。

→エル・シャンパニャットはワインと炭酸を混ぜたシャンパニャットが名物

旅の基本情報

【移動】バルセロナ市内

DAY 4

市街からちょっと足をのばして海や丘から街を望むとバルセロナが海洋王国であることがわかる。

10:00 コロンブスの塔から バルセロナ港周辺へ ▶P.148

ビーチ沿いにおしゃれなレストランが並ぶバルセロネータ地区。ランドマークのコロンブスの塔の展望台からは大パノラマが。

徒歩11分

アーチ状の橋「海のランブラス」を渡って再開発地区「ポルト・ベイ」へ

⇦人気のショッピングセンター「マレマグナム」

11:00 バルセロナの海の生態がわかる バルセロナ水族館 ▶P.149

地中海生物を専門に扱っていて、バルセロナが保護する海岸について学んだり、そこに生息する多様な生物を見学できる。

頭上をサメが泳ぐ人気の水中トンネル

徒歩18分

12:30 ビーチに沿う プロムナードを散策 ▶P.149

18世紀に再開発によって作られたビーチは全長2km。海岸沿いにカフェやレストランが並び、遊歩道や自転車道も設けられている。のんびり日光浴をする人も。

夏は海水浴場として大いに賑わう

13:30 周辺のシーフードや 地中海料理店でランチ 🍴LUNCH

ポルト・ベイの中のレストランやビーチ沿いのレストランはどの店もシーフードや地中海料理を出していて新鮮さが売り物。

徒歩10分

15:00 レトロなロープウェイから、 バルセロナの街を空中散歩

バルセロネータのトーレ・ダ・サンセバスティア駅とモンジュイックの丘を結ぶロープウェイ(テレフェルコ)。高さ50mの上空から空中散歩を。

ロープウェイで約20分

アドバイス
夏のハイシーズン中はたいへん混雑。炎天下で1時間待ちもあるとか

⇧レトロ感ただよう塔

15:30 徒歩20分

モンジュイックの丘から市街を一望 ▶P150

丘の上には17世紀に建てられたモンジュイック城が立つ。監獄や監視塔として使われてきたが、現在はアートなどの展示スペースになっている。

丘の上はサグラダ・ファミリアも望める抜群の眺望

【アドバイス】
モンジュイック城に行くならバルセロネータのトーレ・ダ・サンセバスティア駅からロープウェイを利用する。

16:00 徒歩10分

ミロ美術館は約1万点を所蔵 ▶P48

バルセロナで生まれ、終生カタルーニャをテーマにして描いたミロ。膨大な所蔵品のうち絵画から版画やスケッチ、オブジェ、タペストリーまで約400点を展示。

17:00 徒歩10分

カタルーニャ美術館でロマネスク美術を鑑賞 ▶P51

中世から近代の美術をコレクションしているが、特にロマネスク美術が充実している。カタルーニャの芸術を知るうえで見逃せない美術館。

バルセロナ万博(1929)時に建造されたパビリオンを改装して美術館に

➡美術館前で行われる人気の噴水ショー

18:30 徒歩12分

各地の町並みを再現したスペイン村でミニ旅行 ▶P151

1929年のバルセロナ万博のために造られたテーマパーク。各地の名所がミニチュアではなくすべて実物大で造られている。各地の特産品や手工芸品も売っている。

レストランもあるのでここで食事してもいい

20:00

最後の夜は憧れのレストランでディナー ▶P94

DINNER

最も予約の取りにくいレストランのひとつ、エニグマ。料理の概念を超えた「分子ガストロノミー」と称する品々に驚く。

➡店内はレストランというよりまるでアミューズメントパーク

【アドバイス】
予約は困難。早い段階でHPから予約し、その日時に合わせて旅程を組む必要がある

【移動】 バルセロナ ➡ 日本

午前★ バルセロナ発
翌日★ 日本着

DAY 5

最終日は午前中にバルセロナを発っても、時差の関係で日本着は翌日、6日目の午前中となる。

旅の基本情報

至福のバルセロナ モデルプラン

19

郊外へ出かける プラス1日プラン

日帰りで行けるカタルーニャの聖地モンセラットは、サグラダ・ファミリア発想の源になった人気の街。

8:36 バルセロナのエスパーニャ駅発。アエリ・デ・モンセラット駅でロープウェイに乗り換えてモニストロ・デ・モンセラット駅に9:41着。バルセロナからモンセラットへは、8:36〜16:36発の間、1日12便

9:45 → 黒いマリア像がある大聖堂 モンセラットへ ▶P.76

巨大な岩山を背にした小さな街。11世紀に創建されたベネディクト派修道院の聖堂には、カタルーニャ州の守護聖人である黒いマリアが祀られている。

↑モンセラット（のこぎり山）の景観が観光客を呼ぶ

11:00 → 登山鉄道に乗って サン・ジョアン展望台へ

【アドバイス】ランチは大聖堂前のカフェで。ここはカダファルクのモデルニスモ建築なので必見

街なかは徒歩でまわれるが、展望台へは登山鉄道（フニクラ）で行くのが便利。サン・ジョアン行き乗り場から約15分。

↑モンセラットの建物群を一望

14:00 → 登山鉄道に乗って サンタ・コバ洞窟へ

黒いマリア像が見つかった洞窟がある。徒歩で40分ほどで、登山鉄道を利用することもできる。

↑洞窟への道のモニュメント

※登山鉄道は2020年1月現在運休中。春に復旧予定

15:41 モニストロ・デ・モンセラット駅発。アエリ・デ・モンセラット駅からカタルーニャ鉄道に乗り換えて、バルセロナのエスパーニャ駅には16:45着。モニストロ・デ・モンセラット駅発アエリ・デ・モンセラット駅行きは18:41発が最終便

オプショナル・ツアーを利用する

各旅行社が郊外への1日プランをオプションとして提供している。やや行きにくい場所も送迎バスなどで行けて気楽。添乗員の説明で理解も深まる。

アクセスの心配なく訪れることができる
モンセラット ▶P.76

オプショナルツアーを利用すれば、市内から現地までバスで直行するので、面倒な乗り換えや待ち時間なしに行けて便利。

↑多くの観光客をひきつける街

ローマ時代から中世の歴史にふれる
ジローナ ▶P.82

フランスとの国境近く、コスタ・ブラバと呼ばれる海岸地区への中継点にある中世の石造りの街並みが美しい街。『天地創造のタペストリー』で有名なカテドラルがある。

↑情趣あふれるひっそりとした路地

サルバドール・ダリのシュールな世界
フィゲラス&カダケス ▶P.50

世界中からファンが訪れる鬼才サルバドール・ダリの誕生地であり終焉の地フィゲラス。近くのリゾート地カダケスも時間があればまわりたい。

↑外観が目を引くダリ劇場美術館はダリのデザイン

バルセロナで ぜったいしたい 11のコト

LOVE BARCELONA!

バルセロナスペシャル TOP11

これが今いちばん新しいバルセロナ!
絶対ハズせない王道とトレンドの人気スポット!
地中海の光のなかで、極上滞在を実現する
11のとっておき厳選アイテム!

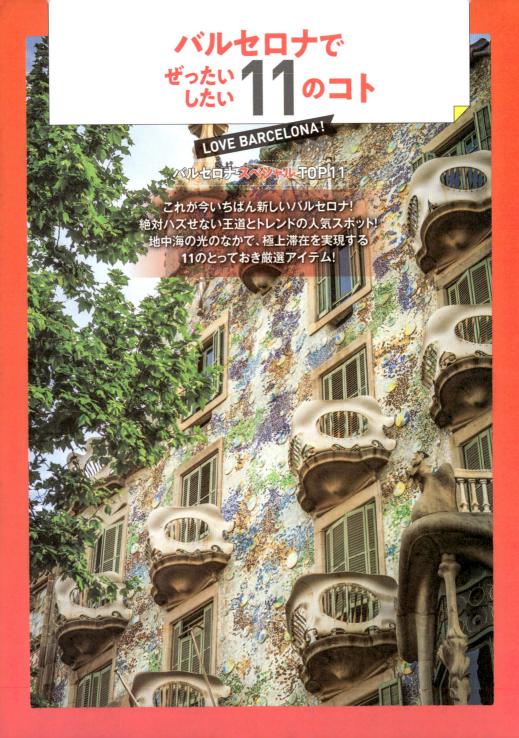

BEST 11 THINGS TO DO IN BARCELONA

01 ガウディの最高傑作たる 成長を続けるバルセロナの象徴

唯一無二の
未完の聖堂

サグラダ・ファミリアに
100年の祈りを見る

バルセロナ観光のハイライトは、
天才建築家ガウディが後世に託した斬新な聖堂。
モデルニスモ建築の最高峰に会いに行く。

Sagrada Familia

➡️ 聖書にある神を賛美する言葉が刻まれている

➡️ 鐘楼の先端には、司教を表す杖や指輪、冠の鮮やかな装飾が見られる

有機的な塔が天を貫くガウディ未完の大作
サグラダ・ファミリア聖堂
Basilica de la Sagrada Familia

アシャンプラ　MAP付録P.7 E-4

「聖家族」を意味するサグラダ・ファミリアは、キリストとその家族に捧げる聖堂だ。民間カトリック団体のサン・ホセ協会が建設を計画し、1882年に着工。その翌年にアントニー・ガウディが2代目主任建築士に着任した。ガウディは当初の伝統的ゴシック建築を大幅に変更。象徴的な彫刻を無数にちりばめ、曲線を多用した独自のデザイン案を取り入れた。後半生をサグラダ・ファミリアの建設に捧げたガウディだったが完成を見ずに生涯を閉じ、現在は地下礼拝堂に眠る。建設は現在も進行中で、ガウディ没後100年の2026年に完成の予定だ。ガウディ生存中に完成した生誕のファサードと地下礼拝堂が世界遺産に登録された。

☎932-080414　🚇2・5号線Sagrada Familiaサグラダ・ファミリア駅からすぐ　📍C. Mallorca 401　🕐9:00〜19:00(4〜9月は〜20:00 11〜2月は〜18:00 12/25・26と1/1・6は〜14:00)　❌無休

information

● **チケットの購入**
当日券は受難の門近くのチケット売り場で購入できる。ただし、入場制限があるため入場に数時間待たされたり、チケットが売り切れる場合も。ネット予約をしておけば並ばずに入場できるうえ、割引で購入できるのでぜひ予約しておこう。

● **ネット予約**
サグラダ・ファミリア公式HPから2カ月先まで予約可能。チケットの種類や予約日、氏名など必要事項を入力してクレジットカードでチケットを購入。PDFを印刷したものか、スマホなどのQRコードを当日に提示する。
🌐 https://sagradafamilia.org/en/tickets

● **チケットの種類**
Basic Ticket:€20
聖堂内(地下博物館、付属学校含む)に入場できるチケット。当日券なし。
With Towers:€33、当日券€39
聖堂内に加え鐘楼にも上れるチケット。オーディオガイド(日本語あり)付き。
Audio Guide:€26、当日券€31
聖堂内の入場とオーディオガイド(日本語あり)のセット。
Guided Tour:€27、当日券€32
聖堂内やファサードを案内してくれる(英語、スペイン語など)。
Gaudí House Museum:€28、当日券€33
聖堂内入場とオーディオガイド、ガウディ博物館のセット。

BEST 11 THINGS TO DO IN BARCELONA 01

2つのファサードの対照的な装飾と物語
ファサードに秘められたストーリーを追う

聖堂の東と西に設けられた2つのファサード(正面)には、イエスの生と死を伝える多数の彫刻が刻まれている。南側の栄光のファサードが完成するとキリストの物語は完成を迎える。

生誕のファサード
Fachada del Nacimiento

聖堂東の入口を飾るファサードで、ガウディ生存中に建設が始まった。キリストの生誕から幼少期までを表現した多くの繊細な彫刻が見られる。日本人で唯一、建設に参加している彫刻家の外尾悦郎氏が天使像など多くの彫刻を担当した。

生命の木
生誕の門の中央にそびえる糸杉の木は、生命のシンボル。糸杉にとまるハトは聖霊や純潔の象徴とされる。

聖母マリアの戴冠
神への献身的な愛への報いとして、イエス・キリストが聖母マリアに冠を授ける場面が刻まれている。左端にいるのは、マリアの夫でイエスの養父の聖ヨセフ。

キリストの生誕
キリストの誕生シーンを刻んだ彫刻。両側で母マリアと養父ヨセフがやさしく見守る。周囲には、キリストの生誕を祝福する天使や人々の彫刻が刻まれている。

キリスト生誕の喜びを表現

天使と子どもたち
キリストの誕生を祝う天使たち。左右の天使が楽器を奏で、中央の子どもたちは合唱隊。スペイン内戦で損傷し、日本人彫刻家の外尾悦郎氏が修復を行った。

東方三博士の礼拝
星に導かれてイエスの生誕を知り、祝福に訪れた3人の博士。新約聖書に描かれるシーンで、それぞれ贈り物を携えてベツレヘムのイエスのもとを訪れている。

生誕の門
中央にキリストに捧げる「慈悲の門」、右が聖母マリアのための「信仰の門」、左は聖ヨセフの「希望の門」。ブロンズ製扉の植物や昆虫の装飾は外尾氏の作品。

羊飼いの礼拝
キリストの生誕を最初に天使たちから告げられたのは羊飼いたち。彼らはキリストを訪ね、礼拝を行った。羊飼いは信者のシンボル。

動物たちに注目！
ガウディは生誕のファサードにカメやロバ、鳥、昆虫など多くの生き物の彫刻を施した。カメは「不変」、門の脇のカメレオンは「変化」などを象徴するとされる。

見学のコツ
生誕のファサードの魅力は、キリストの誕生を祝福する数多くの繊細な彫刻群。聖堂に入る前に細かな装飾をじっくり眺めたい。高い位置にも彫刻があるので、双眼鏡を持参すると便利だ。

受難のファサード
Fachada de la Pasión

聖堂の西側にあり、最後の晩餐からイエスの死、復活までを表している。死がテーマのため、生誕のファサードのような華やかな装飾彫刻を廃し、シンプルで幾何学的なデザイン。左下から上部へS字を描くように物語が進んでいく。バルセロナ出身の彫刻家Josep Maria Subirachsによって制作された。

福音の扉

受難のファサードの中央にある扉。上部には、イエスの最後の2日間の物語を『新約聖書』から抜粋した文字がびっしり刻まれている。

この人を見よ

捕らえられて鞭打ち刑を受け、イバラの冠を被せられたイエス。その横には、イエスを無罪と認めながら処刑を行ったローマ総督ピラトがいる。

栄光のファサード
Fachada de la Gloria

現在建設途中で、聖堂の正面入口となる最も重要なファサード。キリストの栄光を表し、3つのファサードで最も豪華になる予定だ。7つの扉のうち中央の扉が完成した。扉の内部には、主の祈りの文句が50カ国語で刻まれている。

↓海に向かった方向に栄光のファサードが造られる

完成が待たれる正面入口

ロンギヌス

ローマ兵のロンギヌスは磔にされたキリストを槍で刺した。そのとき流れたキリストの血が目に入り、眼病が治癒したことから改宗した。

キリストの磔刑

磔にされ命を落としたイエス。嘆き悲しむマリアとマリアを慰める聖ヨハネ、マグダラのマリアがいる。頭蓋骨が死を象徴。

ヴェロニカ

ゴルゴタの丘へ向かうイエスが汗をぬぐったヴェールを掲げる聖ヴェロニカ。ヴェールにはイエスの顔がくっきりと浮かび上がった。

キリストの最期を見つめる

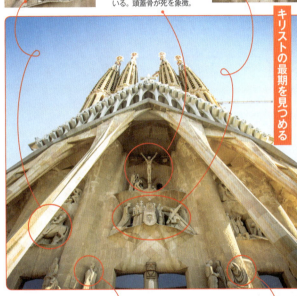

ユダの接吻

弟子のユダが、師が誰かをローマ兵に知らせるためイエスに接吻した裏切りのシーン。近くに武装したローマ兵士たちが潜む。

ペテロの否定

弟子のペテロは自身の保身のため、イエスなど知らないと3度も否定。イエスはこの出来事を予言していた。

↓縦、横、斜めに数字を足すとキリストの享年の33になる魔法陣。さまざまな場所にあるので探してみよう

見学のコツ

彫刻は下段が磔までの物語、中断がゴルゴタの丘へと向かうキリスト、上段がキリストの最期と埋葬までを表している。下段左から右へ、中段右から左へ、上段左から右へと物語が進む。鐘楼に挟まれた最上部には昇天したキリスト像がたたずんでいる。

01 サグラダ・ファミリアに100年の祈りを見る

バルセロナでぜったいしたい11のコト

BEST 11 THINGS TO DO IN BARCELONA 01

光に映える森の聖堂
幻惑の美に包まれる聖堂の内部へ

林立する樹木の柱の隙間から差し込む木洩れ日。ガウディが巨大な森をイメージした壮大な異空間。

聖堂内部
Basilica

2010年に内部がほぼ完成した。平面構造はラテン十字型で、十字の交差部に主祭壇を配置。樹木を思わせる36本の柱と葉の装飾を施した放物線状のアーチ型天井が空間を支える。ステンドグラスの窓や天井から幻想的な光が差し込む。

主祭壇

聖堂の中心部。祭壇上の天蓋にはキリストの十字架像が下がり、ブドウと小麦(キリストの血と肉を表すワインとパンの原料)の飾りや無数のランプが囲む。

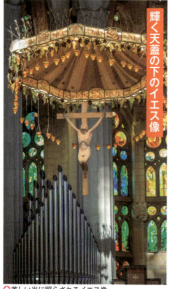

輝く天蓋の下のイエス像

⬆ 美しい光に照らされるイエス像

柱

ヤシの木をモチーフにした巨大な柱。上部は樹木のように枝分かれして天井を支える。主祭壇を囲む柱には、4人の聖人のシンボルが装飾されている。

樹木のような巨大柱

⬅ 聖人ルカのシンボル

⬆ 中央部の高さは約45m。天井の上には高さ172.5mのイエスの塔が立つ予定だ

天井

曲線を多用するガウディならではの独創性あふれるアーチ天井。シュロの葉をモチーフにした装飾が独創的で華やか。葉の隙間から光が差し込む。

➡ 頭上を見上げると、幾何学模様のよう

独創的な装飾に圧倒

➡ オレンジに染まる夕方が最も神秘的

時間で変化する輝き

ステンドグラス

聖堂内のステンドグラスはバルセロナ出身の画家・ガラス職人のJoan Vila-grauによるもの。太陽の昇る生誕のファサード側には青や緑、西日の差し込む受難のファサード側には赤やオレンジのガラスがはめ込まれており、午前と夕方では光の色が変化する。

⬅ 聖堂内が多彩な色に染まる

鐘楼
Torres

生誕のファサードと受難のファサードのいずれかの鐘楼にエレベーターで上れる。バルセロナの街並みを望み、鐘楼の装飾を間近に眺められる。下りは階段を利用。完成後は18本の鐘楼に約60個の鐘が付く予定。事前に専用チケットが必要。

➡ 生誕の塔から市街や地中海を遠望。受難側からはモンジュイックの丘や旧市街を望む

街や聖堂を眼下に望む

➡ 鐘楼の先端を飾るカラフルな装飾などをすぐ近くで見られる

➡ 帰りは、カタツムリや巻貝を思わせるらせん階段を下っていく

見学のコツ

鐘楼へ上るには事前に専用チケット(With Towers)を購入し、エレベーターの利用時間を予約しておく。生誕のファサード側の鐘楼は、ガウディが制作した生命の木が近くに見られるため特に人気がある。

地下博物館
Museo

聖堂の地下にある博物館で、サグラダ・ファミリアの歴史を紹介。ガウディのスケッチや模型、写真資料などを展示。なかでも、ガウディが考案した、アーチ構造のバランスを図るための懸垂型模型が有名。模型制作の作業工程を見学できる。

⬇ 博物館への入口は聖堂をいったん出た受難のファサード側にある

模型や完成図を展示

➡ サグラダ・ファミリアのたくさんの模型が展示されている

⬇ 職人さんたちが模型作りを行う工房をガラス越しに見学

⬆ ガウディのアトリエを再現した部屋もある

バルセロナでぜったいしたい11のコト

01 サグラダ・ファミリアに100年の祈りを見る

BEST 11 THINGS TO DO IN BARCELONA 01

付属学校
Escuela

サグラダ・ファミリアの敷地内にあり、建設労働者の子どもや近隣の子どもたちのために建設された。ガウディが設計を手がけ、建設費も負担した。直線を廃した波打つ屋根や壁面はガウディならでは。現在は使われておらず、内部を見学できる。

ガウディが設計した学校

➡壁も屋根も曲線。低予算で構造の強度を上げる効果もあるという

見学にはガイドを利用！

日本語のパンフ＆音声ガイド

聖堂内のインフォメーションで案内図の入った日本語パンフレットが手に入る。日本語で解説が聞けるオーディオガイドもある。サグラダ・ファミリアの歴史や建築について理解が深まるのでおすすめ。

⬆各国語のパンフレットを用意

⬆➡日本語対応のオーディオガイド。各ポイントに表示された番号を押すと説明が流れる

SHOP

聖堂内部と外の2カ所にギフトショップがある。サグラダ・ファミリアをモチーフにした文具や雑貨など多彩なグッズを販売。

€7
➡皿
サグラダ・ファミリアの各所が描かれたお皿

€130

➡模型
精巧に作られた完成予想図の模型

サグラダ・ファミリア年表

1882	主任建築士ビリャールの設計で建設開始
1883	施主との意見対立でビリャール辞任。アントニ・ガウディが主任建築士に
1889	地下礼拝堂が完成。以降はガウディのデザイン案で建設が進められる
1905	生誕のファサードが頂上部を除きほぼ完成する
1909	敷地内に労働者の子どものための付属学校を建設
1914	ガウディが建設に専念し始める
1926	路面電車に轢かれてガウディ逝去。地下礼拝堂に埋葬
1936	スペイン内戦で地下礼拝堂などが火災に遭う。スケッチや模型が焼失
1961	地下博物館を設立
1978	日本人彫刻家・外尾悦郎氏がサグラダ・ファミリアで働き始める
2000	栄光のファサードの基礎工事が開始される
2005	生誕のファサードと地下礼拝堂が世界遺産に登録
2010	聖堂身廊が完成。ローマ教皇がミサを行い、カトリック教会に認められる
2018	受難のファサード完成
2026	サグラダ・ファミリア完成予定

いろんな角度でまったく違う顔が魅力
サグラダ・ファミリアを眺める BEST スポット

サグラダ・ファミリアの超個性的な外観全体を写真に収められるとっておきのポイント。撮影者の美的センスが試される!?

サグラダ・ファミリアはどこから撮る？

> 人通りの少ない時間に。夕方は神秘的

A
ガウディ通り
Paseo de Gaudí
MAP 付録P.7 F-3

生誕・受難の2つのファサードの両方が映り込むスポット。ほどよい大きさで収められ、通りの風景がアクセントに。
交 M 2・5号線Sagrada Familiaサグラダ・ファミリア駅からすぐ 所 Paseo de Gaudí

> 青い海をバックに建物を際立たせて

B
グエル公園
Parc Güell
MAP 付録P.7 E-1

高台にあるので、遮るもののない景色を楽しめる。遠景にはなるが、地中海をバックに街並みとともに撮影できる。
▶P30

> 昼間、夕方、夜で雰囲気ががらりと変わる

C
ガウディ広場
Plaza de Gaudí
MAP 付録P.7 F-4

生誕のファサードがバッチリ撮れる。池越しに逆さサグラダ・ファミリアを撮ったり、ライトアップの様子を撮ったり。
交 M 2・5号線Sagrada Familiaサグラダ・ファミリア駅からすぐ 所 C. Lepant 278 開 休 料 見学自由

> アーチのフレームいっぱいに収めよう

E
カサ・ミラ(ラ・ペドレラ)
Casa Milá(La Pedrera)
MAP 付録P.13 D-2

屋上にあるアーチの中にサグラダ・ファミリアがすっぽり収まる人気の写真映えスポット。行列を覚悟して。
▶P32

> 屋上のテラスからも眺望が楽しめる

D
アイレ・ホテル・ロセリョン
Ayre Hotel Rosellón
MAP 付録P.7 E-4

サグラダ・ファミリアまでの距離はわずか200m。ホテルの屋上テラスから、刻々と移りゆく姿を独り占めできる。
▶P157

夜の幻想的なサグラダ・ファミリアを再訪！

ライトアップされてオレンジ色に浮かび上がるサグラダ・ファミリアは、いっそう神秘的な雰囲気に。ライトアップの時間帯は毎月少しずつ変動するので事前に確認をしておこう。

> 広場の芝生に寝転びながら見よう！

バルセロナでぜったいしたい11のコト 01 サグラダ・ファミリアに100年の祈りを見る

BEST 11 THINGS TO DO IN BARCELONA

02 独創性があふれ出す天才建築家の作品群

サグラダ・ファミリアだけじゃない!

ガウディ建築の描く曲線美に心奪われる

バルセロナの街をシンボリックに彩るガウディ建築。
芸術の街にひときわ異彩を放つ
天才建築家の作品世界をのぞいてみよう。

Antoni Gaudí

自然を手本に生まれた曲線構造と緻密な装飾

　バルセロナの建築家アントニ・ガウディは、樹木や海、生物などの自然から多くのヒントを得て建物をデザインした。うねるような曲面や放物線のアーチを多用し、色彩や装飾で細部を飾り立て、奇抜ともいえる独創的なスタイルを確立した。なかでもブルジョアたちの依頼により設計した邸宅の数々は、華やかで目を奪われる。多くのガウディ建築が世界遺産に登録され、内部見学も楽しめる。

↑公園の外壁には、タイルで作られたシンボルが各所に

童話の世界に迷い込む色鮮やかな丘の上の公園

グエル公園
Parc Güell
バルセロナ北部 MAP 付録P.7 E-1

　ガウディのパトロン、グエル氏の依頼で1900年に着工した英国風の住宅街。60戸の住宅が建設予定だったが、売却されたのは2戸のみで計画は中断。バルセロナ市に寄贈され公園となった。中央広場を囲む波打つベンチが有名だ。助手のジュジョールらが手がけたカラフルな破砕タイルが園内を飾り、おとぎの国のよう。ガウディが晩年を過ごした住宅はガウディ博物館になっている。入場制限があるのでネット予約が便利。

☎934-091831 ❋Ⓜ4号線Alfons XアルフォンスXデウ駅からシャトルバスで15分(予約のみ)、3号線LessepsレセップスX駅から徒歩20分 ㉠C. Olot 5 ㊓7:30～20:30(季節により異なる)。30分毎の入場制限あり ㊡無休 ㊎有料ゾーン€10 ㊋https://parkguell.barcelona

↑中央広場の全長110mのベンチ。デザイン性のみならず、座り心地にもこだわっている

↑洗濯女の回廊。洗濯女の像の柱が1本ある

↑「お菓子の家」とも呼ばれる守衛の家

高台のグエル公園から、バルセロナの街と地中海を一望。遠くにサグラダ・ファミリアも!

バルセロナでぜったいしたい11のコト

02 ガウディ建築の描く曲線美に心奪われる

ここに注目したい!!

バルセロナが一望できる
高台にあるため眺望も抜群。広場からバルセロナ市街や地中海を見晴らせる。ガウディの大作、サグラダ・ファミリアも眺められる。

大階段を飾るトカゲの噴水
タイルで飾られたトカゲの噴水は公園のシンボル。実はドラゴンやオオサンショウウオではとの説も。実物を見て確かめてみよう。

道路の下の列柱の通路
高低差のある土地を生かし、道路の下に列柱が支える歩道を設けた。雨もしのげる利便性の高い通路。高さごとに建築様式が異なる。

座り心地抜群のロングベンチ
中央広場に連なる波打つベンチは、実際に座った人の型を取り、人間工学に基づいて設計された。実際の座り心地をぜひ確認してみよう。

◆大階段のトカゲは人気の撮影スポット。近くにカタルーニャ紋章のヘビの噴水も

園内にある ガウディ晩年の住居

ガウディが売れ残った住居を買い取って移り住んだ。

暮らしの跡を再現
ガウディ博物館
Casa Museu Gaudí
バルセロナ北部 MAP付録P.7 E-1

ガウディの右腕だったフランセスク・ベレンゲールがモデルハウスとして設計。買い手が付かなかったためガウディが買い取り、1906年から1925年まで暮らした。当時の様子が再現され、ガウディのデザインした家具なども見られる。

☎932-193811 交所グエル公園内
⏰10:00〜18:00 4〜9月9:00〜20:00 休無休 料€5.50(サグラダ・ファミリア聖堂のHPから購入可)

◆グエル公園とは別料金。サグラダ・ファミリアとの共通チケットあり

◆礼拝室と寝室。サグラダ・ファミリアに没頭し始めたころで、ガウディの信仰心の深さがうかがえる

◆博物館に展示されているガウディ像

◆ガウディのデザインした椅子が並ぶ

31

BEST 11 THINGS TO DO IN BARCELONA 02

**直線は一切使わず
海を表現した邸宅建築**

カサ・ミラ（ラ・ペドレラ）
Casa Milà (La Pedrera)

アシャンプラ MAP付録P.13 D-2

実業家ペレ・ミラの依頼を受けてガウディが設計し1912年に完成した邸宅。建築主の居住フロア以外は、高級賃貸マンションに利用された。石を積み上げたような外観から石切場（ラ・ペドレラ）とも呼ばれる。曲線構造の建物は地中海や雪山がモチーフ。最上階の博物館、煙突の並ぶ屋上テラス、住宅の一部を見学できる。

☎932-142576 ◎3・5号線Diagonalディアゴナル駅から徒歩3分 ⊕Passeig de Gràcia 92 ⊙9:00〜18:30(2〜11月は〜20:30)、ナイトツアーもあり ⊗無休 ⑪オーディオガイド付(日本語あり)€24など、当日窓口では+€3 HPhttps://www.lapedrera.com

石と鉄を組み合わせてデザインした

↑自然光が差し込む中庭。柱や天井などには植物や海洋生物などが装飾されている

ここに注目したい!!

煙突が立ち並ぶ屋上テラス
雪山をイメージしたという屋上には、奇妙な煙突や換気口が林立。陶器や大理石など素材もフォルムもまちまちでユニーク。見晴らしも抜群だ。

住居の窓が集まる中庭
換気と自然光を取り込むために設けられた楕円形の中庭。住居の窓が無数に並ぶ風景は壮観。中庭から続く階段はオーナー宅への直通階段。

屋根裏回廊の展示
最上階の屋根裏スペースはアーチ型天井をもつ特殊な空間。ガウディ作品の資料や建築模型などを展示する博物館に利用されている。

↑居住空間の一部を見学でき、ブルジョア階級の暮らしぶりが再現されている

Café

海の波を模したガウディの天井が美しい

カフェ・デ・ラ・ペドレラ
Cafè de la Pedrera

アシャンプラ MAP付録P.13 D-2

カサ・ミラの1階にあるカフェ兼レストラン。朝食、ブランチ、タパス、昼食、夕食をいずれも供しており、料理は地中海料理。ライブコンサートを開催することもある。

☎93-4880176 ⊙9:00〜23:00 ⊗無休

↑人は多いがくつろげる雰囲気。アルコール飲料もある

↑クロワッサンとカフェ・コン・レチェ €4.50

細部にまでこだわって増改築した海の邸宅

カサ・バトリョ
Casa Batlló

グラシア通り MAP 付録P.12 C-3

実業家バトリョ氏の所有する1877年建造の邸宅をガウディが増改築し、1906年に完成させた。海をイメージした建物は青が基調。外観は廃材の色ガラスや陶器の破片を再利用し、光に反射して海面のように青く輝く。内部は海底や海底洞窟をイメージした内装。階段の手すりなど細部の室内装飾もガウディがデザインした。

☎93-2160306 交M2・3・4号線Passeig de Gràcia/パセッチ・デ・グラシア駅から徒歩3分 所Passeig de Gràcia 43 時9:00〜20:00 休無休 料ブルーチケット(スマートガイド付、日本語あり)€25、ゴールドチケット(ファストパスや写真撮影などが付く)€35など HPhttps://www.casabatllo.es

↑ユニークなバルコニーの形状から「骨の家」、外観の印象から「あくびの家」とも呼ばれる

ここに注目したい!!

自然光の差す中庭
ガウディはすべての部屋に自然光が入るように中庭を拡張。青タイルの下の色を薄く、上を濃くすることで光を均一に分散させている。

ガウディ真骨頂の曲線の美
ほかの多くのガウディ作品同様、曲線のみでデザインされている。階段の形状や手すり、部屋の入口にいたるまで徹底的に曲線にこだわった。

屋上の煙突の森がキュート
屋上にはモザイクに飾られたキノコのようなキュートな煙突が並ぶ。うろこ状の屋根瓦もユニーク。ガウディの協力者、ジュジョールの作品。

ガウディの家具や装飾
扉やドアノブ、階段など、ガウディがデザインした装飾に注目。2階のオーナーの邸宅の家具もガウディが細部までこだわってデザインした。

→内部は青タイルが多く使われ、海中の雰囲気を演出。ガウディのデザインしたドアや階段手すりなどの装飾もチェック(左)。ユニークな煙突が並ぶ屋上も必見だ(右)

↓華やかな装飾の中央サロン。窓からたっぷり光が差し込み、渦巻き状の天井が美しい

バルセロナでぜったいしたい11のコト

02 ガウディ建築の描く曲線美に心奪われる

BEST 11 THINGS TO DO IN BARCELONA 02

華麗な装飾と光が作るガウディの美学の宝庫

グエル邸
Palau Güell

ランブラス通り MAP付録P.14 B-3

重厚な印象の外観とうってかわり、内装は細部までこだわった豪華なもの。天井から光が降り注ぐ2階にある吹き抜けの中央サロンは教会のよう。屋上にはカサ・ミラ(ラ・ペドレラ)やカサ・バトリョでも見られる奇抜な形の煙突が20本ある。

☎93-4725775 交M3号線Liceuリセウ駅から徒歩3分 所C. Nou de la Rambla 3-5 開10:00～20:00(11～3月は～17:30) 休月曜(祝日の場合は開館)、1/1・6、1月の第3週、12/25・26 料オーディオガイド付(日本語あり)€12、第1日曜、4/23、6/10、9/11・24は無料
URLhttps://www.palauguell.cat

↑入口正面にある錬鉄製の紋章はグエル家の紋章といわれている

ここに注目したい!!

ファサードの繊細な鉄細工
邸宅の外観は内部に比べればシンプルだが、鉄細工の装飾は見事。堅い素材とは思えない繊細で緻密な装飾だ。中へ入る前に眺めてみよう。

不思議で芸術的な屋上煙突
20本の煙突が並ぶ屋上は、邸宅内とは異世界。カラフルな煙突はそれぞれデザインが異なり、廃材の石などが使われた。

華やかな内装の美しさ
石や木、鉄、ガラスなど、多様な素材で飾られる邸宅内部。天井や壁、柱、窓の華麗な装飾は、部屋ごとに趣を変えている。

↑中央サロンはアルハンブラ宮殿の影響が見られるイスラム建築風

↑中2階の重厚な階段。採石場を所有していたグエル氏は邸宅に大理石をふんだんに使用した

↑来客用の待合室。金箔や鉄を組み合わせた木製の天井装飾が細密で素晴らしい

↑屋上の採光用の塔にはたくさん小窓が開いている

迫力ある「龍の門」が出迎える
グエル別邸
Finca Güell

バルセロナ西部 MAP付録P4 B-2

ガウディ最大のパトロンであるエウセビ・グエルが初注文したのがこの邸宅の増改築。ガウディが手がけた門や塀、厩舎などが残されている。破砕タイルやパラボラアーチなど、ガウディ建築に欠かせない手法が随所に見られる。

↑厩舎の頭頂部。すでに破砕モザイクを使用している

☎93-3177652 ㊊3号線Palau Reialパラウ・レイアル駅から徒歩10分 ㊐Av. De Pedralbes 7 ㊋10:00〜16:00 ㊌1/1・6、12/25・26 ㊎€5 ㊏なし

↑鉄製の門を飾るドラゴンはギリシャ神話に登場する龍がモチーフ

建築賞の受賞歴あり装飾を抑えた建物
カサ・カルベット
Casa Calvet

アシャンプラ MAP付録P15 D-1

実業家カルベット氏の依頼で1900年に建造した住居兼事務所兼賃貸マンション。ガウディ作品としては地味だが、市の第1回年間建築賞を受賞した。

↑現在もマンションとして人が居住している。以前は1階のレストランから内部も見学できたが、現在は休業中

☎なし ㊊1・4号線Urquinaonaウルキナオナ駅から徒歩3分 ㊐C. Casp 48 ㊋㊌㊎外観のみ見学自由

イスラム文化の影響が見られる
カサ・ビセンス
Casa Vicens

バルセロナ北西部 MAP付録P6 C-2

施主のマヌエル・ビセンスがタイル業者だったこともあり、タイルがふんだんに使われている。幾何学模様の装飾や直線的な構造はイスラム文化とキリスト教文化を融合したムデハル様式で、ほかのガウディ作品と趣が異なる。

☎93-5475980 ㊊3号線Fontanaフォンタナ駅から徒歩5分 ㊐C. les Carolines 20-26 ㊋10:00〜20:00(最終入場18:40) 2020年10/1〜2021年3/31の月曜10:00〜15:00(最終入場13:40) 火〜日曜10:00〜19:00(最終入場17:40) ㊌12/25、1/6・13〜19 ㊎€16 ㊏https://casavicens.org/

↑1885年にビセンス家のサマーハウスとして建てられた。ガウディ最初の邸宅建築

↑屋根上の煙突もエキゾチック　↑タイル装飾が鮮やか　↑男性の間のイスラム風天井

ここに注目したい!!
エキゾチックな装飾

イスラム建築とキリスト教建築が混合したムデハル様式が建物の特徴。壁面の幾何学模様、男性の間の天井に見られるモスク風の装飾など、エキゾチックな装飾が随所に見られる。

バルセロナでぜったいしたい11のコト

02 ガウディ建築の描く曲線美に心奪われる

35

BEST 11 THINGS TO DO IN BARCELONA 02

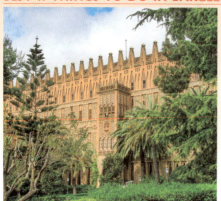

門の中央にはガウディの像が立つ
ミリャーレス邸の門
Porta de la Finca Miralles

バルセロナ西部 MAP付録P4 B-2

☎なし 交M3号線Maria Cristina マリア・クリスティーナ駅から徒歩12分 住Passeig de Manuel Girona 55 料休門のみ見学自由

邸宅は現存していないが、ドラゴンをイメージしたという波打つ形の門と塀が残されている。建設当時は塀の長さは36mもあったという。中央の大きな出入口は馬車用で、その隣の鉄柵がはまった小さな出入口が歩行者用。

↑門は1902年に完成。門の下にはガウディ像がたたずむ

現在も学校として使われている
サンタ・テレサ学院
Col.legi de les Teresianes

バルセロナ西部 MAP付録P6 A-1

↑1890年に完成したムデハル様式のカトリック女学院

前任者が2階まで造っていたところからガウディが引き継いで建てた。赤レンガを主体としたシンプルな造りで重厚な雰囲気が漂う。尖塔の4本枝の十字架はガウディ作品でよく見られるが、この建物で初めて登場した。

☎なし 交M6号線La Bonovaラ・ボナノバ駅から徒歩5分 住C. de Ganduxer 85-105 料休内部見学不可 休なし

まるで城のようなワイナリー
ボデガス・グエル
Bodegas Güell

ガラフ MAP付録P3 D-3

↑最上階にある礼拝堂

この土地一帯を購入したグエル氏のためにガウディがデザインしたワイナリーで、1階が酒蔵、2階が管理人用の住宅、3階が従業員用の礼拝堂になっている。石灰石を利用した建物はあたりの景観となじんでいる。

☎なし 交Garrafガラフ駅から徒歩10分 住Carretera c-246, Barcelona-Sitges 料休現在閉鎖中につき見学不可

↑ゆるやかな曲線を描く屋根や独特の形の煙突がガウディならでは

光の大聖堂と呼ばれる
カテドラル(マヨルカ島)
Catedral de Mallorca

マヨルカ島 MAP P.88

↑高い天井をもつ全長121mの大聖堂。奥にガウディの祭壇がある

13〜16世紀に建てられた大聖堂で、1903年の修復工事ではガウディが招聘された。ガウディが担当したのは聖歌隊席や祭壇、天蓋など。バラ窓やステンドグラスが数多く設置され、天井から差し込む光が神々しい。▶P88

↓海に面してたたずむ

アントニ・ガウディの生涯を見つめる

深い探求心とチャレンジ精神で、斬新な建築を生み出し続けた天才建築家ガウディ。
手本としたのは神が創造した「自然」。ガウディの生涯を知り、建築の魅力を再認識しよう。

自然とふれあい、経験を重ねた若き日のガウディの暮らし

アントニ・ガウディは、バルセロナ南西の都市・レウスで銅板器具職人の末っ子として1852年に生まれた。病弱な少年だったガウディは、一家が所有する隣町の農園で長い時間を過ごし、動植物などの自然とふれあった。当時の経験が、自然の造形を生かす彼のデザインの源となったようだ。21歳となった1873年、ガウディはバルセロナの建築学校に進学。家計が苦しく、建築事務所やガラス工房、錠前屋などのアルバイトで学費を稼いだ。教授のビリャール(サグラダ・ファミリア初代主任建築士)の仕事を手伝い、旧城塞地区の公園化事業(現シウタデリャ公園)にも携わった。こうした経験が後の作品に大いに役立っている。

1878年に26歳で学校を卒業したガウディは、同年開催されたパリ万博の展示ショーケースのデザイン依頼を受けた。この作品が実業家グエルの目にとまり、ガウディは生涯にわたる支援者を得る。

Antoni Plàcid Guillem Gaudí i Cornet
(1852～1926)

多くの傑作を通してみるガウディ建築デザインの変遷

19世紀末のバルセロナは、工業の発展による好景気で空前の住宅建設ラッシュが続いた。ガウディにとって、格好の活躍の舞台が用意されていた。グエルらブルジョアたちからの設計依頼が舞い込み、ガウディの斬新な建築が街を飾った。1880年代のガウディ初期のデザインは、レンガと色彩タイルを用い、イスラム風のムデハル建築やゴシック建築に影響を受けた、古典建築との折衷建築が主流だった。規則的な2色タイルで外観を包むカサ・ビセンス(1885年)がその代表作だ。50代を迎えた1900年代以降は曲線や植物モチーフなどの装飾を多用した独創的デザインが主役となる。住宅公園として計画されたグエル公園やカサ・バトリョ、カサ・ミラなどの傑作が次々と世に生み出された。

↑無名だった時代のガウディが設計に携わったシウタデリャ公園の噴水

↑ガウディが生存中に建設が進められていたサグラダ・ファミリア聖堂の生誕のファサード

大聖堂サグラダ・ファミリアに生涯を捧げた晩年のガウディ

ガウディがサグラダ・ファミリアの主任建築士となったのは31歳のとき。初代主任建築士のビリャールが建築主との意見対立から辞任し、その後を任された。敬虔な信者ではなかったガウディだったが、サグラダ・ファミリアの建設に携わるうちに信仰心を深めていく。62歳になった1914年以降は、ほかの仕事を一切断って大聖堂建設に専念した。

建設費の資金難が続くなか、1925年からは聖堂内の工房に泊まり込んで質素に暮らしながら作業に没頭。翌年の6月7日、路面電車の事故に遭い、3日後に逝去する。享年73歳。非社交的な性格などから一度も家庭はもたなかったが、3万人以上の市民が葬儀に参列して彼の死を悼んだ。現在はサグラダ・ファミリア聖堂の地下礼拝堂に埋葬されている。

バルセロナでぜったいしたい11のコト

02 ガウディ建築の描く曲線美に心奪われる

BEST 11 THINGS TO DO IN BARCELONA

03 ガウディだけじゃない！華麗なる建築を見る

伝統を生かした表現技法を見る

斬新な驚きに満ちた街に点在する近代建築

19世紀末にカタルーニャで開花した芸術様式「モデルニスモ」。普遍性と地方性を併せもつ独自の近代芸術として、建築界に多大なる影響を与えた。

カタルーニャで発展した美しいモデルニスモ建築

19世紀末から20世紀初頭にかけて、フランスのアール・ヌーヴォーの影響を受けて、バルセロナを中心に発展したモデルニスモ。建築では華やかな造形を特徴とする。カタルーニャの民族主義的な機運の高まりとともに発展し、ドミネク・イ・モンタネール、ガウディ、プッチ・イ・カダファルクがその3大巨頭とされている。バルセロナの一画には、カサ・バトリョ、カサ・アマトリェール、カサ・リュオ・モレラと、3巨匠が建築した作品が立ち並び、「不和のりんご」と呼ばれている。

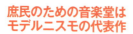
Modernismo

リュイス・ドミネク・イ・モンタネール
Lluís Domènech i Montaner

1850〜1923。バルセロナ出身の建築家。25歳でバルセロナ建築学校の教授となり、ガウディを教えたこともある。優美な曲線を用いた独特のスタイルを生み出し、代表作のカタルーニャ音楽堂とサン・パウ病院はユネスコの世界遺産に登録されている。

➡「芸術は人を癒やす」という言葉を残した天才

➡天井の名前やベランダの胸像など、作曲家にちなんだ装飾も多い

庶民のための音楽堂はモデルニスモの代表作

カタルーニャ音楽堂
Palau de la Música Catalana
ボルン地区 MAP付録P.15 D-2

20世紀初頭のカタルーニャ・ルネサンスで指導的役割を果たしたウルフェオー・カタラー合唱団のためにモンタネールが建築したモデルニスモ建築のコンサートホール。外壁にはバルセロナの守護聖人ゲオルギウスが彫刻され、トレンカディスと呼ばれる工法のモザイクの柱や壮麗な天井のステンドグラスに覆われたシャンデリアは圧巻。1980年代には大規模な修復が行われ、1997年にユネスコの世界遺産に登録された。

☎902-475-485 ⓜ1・4号線ウルキナオナ駅から徒歩5分 ⓐC. Palau de la Música 4-6 ⓗ10:00〜15:30(聖週間と8月10:00〜18:00) 休無休 €20(ツアー55分)
http://www.palaumusica.cat

↑外観の角には、聖ゲオルギウスが民衆を音楽の世界へ誘う場面が彫刻されている

↑カタルーニャのアール・ヌーヴォー様式を今に伝える現役のコンサートホール

上部の美しいステンドグラスが目を引く音楽堂の大ホール

ホールの上部にも楽器を演奏したり、踊っている女性の像が置かれている

出版社の社屋を
現代アートの発信地に
アントニ・タピエス美術館
Fundació Antoni Tàpies
グラシア通り MAP付録P.12 C-3

ドミネク・イ・モンタネールが設計した出版社の社屋を利用した、スペインを代表する現代芸術家、アントニ・タピエスの美術館。独創的な作品を開放的な空間で鑑賞できる。タピエス以外の現代アートをテーマにした特別展も開催。

☎93-4870315 交M2・3・4号線Passeig de Gràciaパセッチ・デ・グラシア駅から徒歩3分 所C. d'Aragó 255 時10:00~19:00(金曜は~21:00、日曜は~15:00) 休月曜 料€8 HPhttps://fundaciotapies.org/

↑屋上の針金で作られた作品が目を引く

グラシア通りの街角を彩る
華やかな集合住宅
カサ・リュオ・モレラ
Casa Lleó Morera
グラシア通り MAP付録P.12 C-3

ドミネク・イ・モンタネールが改築したバルセロナで最も美しい建物のひとつ。ブルジョワたちが住んだマンションなだけあって、細部にいたるまで華麗。3階のバルコニーには改築当時発明されたばかりの蓄音機やカメラなどを持った女性の像がある。

☎93-6762733 交M2・3・4号線Passeig de Gràciaパセッチ・デ・グラシア駅から徒歩3分 所Passeig de Gràcia 35 時休外観のみ自由 HPhttp://www.casalleo-morera.com

→グラシア通りの交差点の角にある建物。高級ブランドのロエベが1階に入る

Café
音楽堂の併設カフェ
カフェ・パラウ
Cafè Palau
ボルン地区 MAP付録P.15 D-2

音楽堂に併設されているカフェ。簡単に食べられるサンドイッチ類がカウンターに並んでいるため、軽食は見て指さしで頼めるのもうれしい。野菜とツナのサンドイッチはレタスが新鮮で美味。

↑カタルーニャ風プティファラソーセージときのこ(上)€9.50。きのこのリゾット(下)€4

☎なし 時9:00~23:30 休無休

→コンサート開始までの待ち合わせに、コンサート前の乾杯に、または音楽の余韻に浸りながらコーヒーやお茶を楽しめる

バルセロナでぜったいしたい11のコト

03 斬新な驚きに満ちた街に点在する近代建築

39

BEST 11 THINGS TO DO IN BARCELONA 03

親子で作り上げた モデルニスモの傑作

サン・パウ病院
Hospital de la Santa Creu i Sant Pau

バルセロナ北東部 MAP 付録P5 D-3

1401年に起源をもつ6つの病院を1902～1930年にかけてドミネク・イ・モンタネールと彼の死後、息子が統合・増築した総合病院。4.5haの広大な敷地に48棟の建物が並び、豪華絢爛なムハデル様式の病棟の内部には、モザイクタイルやステンドグラス、彫刻が施され、世界一美しい病院といわれている。

☎932-682444 交⑩5号線Sant Pau Dos de Maigサン・パウ・ドス・デ・マッチ駅から徒歩3分 働Carrer de Sant Quintí, 89 圏9:30～19:00(11～3月は～17:30、日曜・祝日は～15:00) 休無休 料€15、ガイド付€20 URL www.santpaubarcelona.org

↑ガウディ通りに面したシンメトリーが美しい正面玄関。2009年まで診療が行われていた

↑庭園から見た正面入口の管理事務分館。ロビーの装飾が見事

↑イスラム教とキリスト教が融合したサン・サルバドール分館

↑中庭のほぼ中央に位置する手術棟はモンタネールによる設計

↑管理事務分館の右側にある入口のモザイク画

↑管理事務分館2階の礼拝堂には、磔にされたキリスト像がある

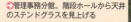

↑管理事務分館。階段ホールから天井のステンドグラスを見上げる

バルセロナでぜったいしたい11のコト

03 斬新な驚きに満ちた街に点在する近代建築

ジョセップ・プッチ・イ・カダファルク
Josep Puig i Cadafalch

1867～1956。バルセロナ郊外の裕福な家庭で育ち、モンタール、ガウディと並ぶモデルニスモの3大巨匠に数えられる。中世ロマネスク様式やゴシック様式などの要素を採り入れ、邸宅から工場にいたるまで、バルセロナの建築物を数多く手がけている。

➔中世建築の研究など学術活動にも励んでいた

チョコレート王が娘と暮らした中世ゴシック風の邸宅
カサ・アマトリェール
Casa Amatller

グラシア通り MAP付録P.12 C-3

カサ・バトリョの隣に建ち、階段状のファサードが目を引く。1797年に創業したスペイン最古のチョコレート店の3代目、アントニ・アマトリェールの邸宅で、古い建物を内装やインテリアを含めプッチ・イ・カダファルクが大々的に改装。豪華な装飾やレリーフも見応えがある。

➔1階のカフェでは、アマトリェールのチョコレートも食べられる

☎934-617460 交M2・3・4号線Passeig de Gràciaパセッチ・デ・グラシア駅から徒歩すぐ 所Passeig de Gràcia 41 営10:00～18:00(最終入場) 休12/25 料ビデオガイドツアー45分€14、ガイド付ツアー1時間€17
HP https://amatller.org/

↑モデルニスモ建築のなかでも独特な存在。1階にはカフェテリアがあり、その奥には、アマトリェールのチョコレートショップもある

突き刺さるような6本の塔
ラス・プンシャス集合住宅
Casa de les Punxes

バルセロナ西部 MAP付録P.13 E-2

繊維業で財をなした一家の3姉妹のためにプッチ・イ・カダファルクがデザイン。3つの建物が単一の建物に見えるように、6つの尖塔を建てることで統一感をもたせている。

☎93-0185242 交M4・5号線Verdaguerベルダゲル駅から徒歩5分 所Avinguda Diagonal 420 営10:00～19:00(最終入場18:00まで) 休無 料€13.50
HP https://casadelespunxes.com

➔塔の上からは360度バルセロナの街並みを見渡せる

ピカソが通ったカフェ
カサ・マルティ(クアトラ・ガッツ)
Casa Marti(4 Gats)

ゴシック地区 MAP付録P.14 C-2

プッチ・イ・カダファルクの初期の作品で、彫刻に覆われた外壁やアーチ状の入口など、カダファルクの特徴が見て取れる。1階にあるカフェの「クアトラ・ガッツ」は10代だったピカソなど芸術家たちが通ったことで知られている。

▶P.46

➔20世紀初頭の芸術家たちのたまり場だった

41

BEST 11 THINGS TO DO IN BARCELONA 03

街の形は変わり続ける
現代の建築が街に新しい色合いを与える

モデルニスモの建築とともに、バルセロナで目を引く近年建てられている現代建築。街には目を惹く建物が点在し、専門家ならずとも「建築」を旅の目的にしたいほど。

近未来的なランドマーク
トーレ・アグバル
Torre Agbar

バルセロナ東部 MAP付録P.11 D-1

世界的建築家ジャン・ヌーベル設計の水道局のビル。モンセラットの岩山や吹き上がる水をイメージしたというビルは、赤と青のパネルに覆われたユニークなもの。高さ144.4mでバルセロナでは3番目に高い。

交M1号線Glòriesグロリエス駅から徒歩3分
所 Avinguda Diagonal 211
開 休 料 外観見学のみ自由

→グランヴィア通りとメリディアナ通りの交差点に立つ高層ビル

↓地中海をイメージした青い外壁が特徴的

高さ25mの巨大な青い三角
フォーラム・ビル
Edifici Fòrum

バルセロナ東部 MAP付録P5 F-4

スイスの建築家ヘルツォーク＆ド・ムーロンが設計した、2004年の万国文化フォーラムのメイン会場になった建物。巨大な柱によって持ち上げられた一辺180m、高さ25mの正三角形の建物はまるで宙に浮いているよう。

交M4号線El Maresme | Fòrumエル・マレズメ・フォルム駅から徒歩3分 所 Parque del Forum, Plaça Leonardo da Vinci s/n
開 休 料 外観見学のみ自由

モデルニスモ建築をリノベ
カイシャ・フォルム
Caixa Forum Barcelona

モンジュイック MAP付録P8 B-2

1911年に建てられたプッチ・イ・カダファルク設計の紡績工場を、2002年に地元銀行の「カイシャ」が文化センターとして改築。エントランス部のデザインを磯崎新氏が担当したことで話題を呼んだ。建物についてのオーディオガイド€2が借りられる。

☎93-4768600 交M1・3・8号線Pl. Espanyaエスパーニャ駅から徒歩5分 所 Av. de Francesc Ferrer i Guàrdia 6-8 開 10:00～20:00 7・8月の水曜10:00～23:00 12/24・31、1/5は10:00～18:00 休 12/25、1/1・6 料 展示会によって異なる HP caixaforum.es

↓モデルニスモとアートが融合したギャラリー

42

バルセロナでぜったいしたい11のコト

03 斬新な驚きに満ちた街に点在する近代建築

「現代のガウディ」の遺作
サンタ・カタリーナ市場
Mercat de Santa Caterina
ボルン地区 MAP 付録P.15 D-2

1848年創業の老舗市場をエンリク・ミラーレスが大胆にリニューアル。外壁は元の市場を生かし、そこに波打つような木組みの屋根を配した。屋根には野菜や果物をイメージしたカラフルなモザイクタイルを敷き詰めている。
▶P130

↑↑2005年に大規模にリニューアルした

↑波打つ屋根が印象的

↑バルセロナ市民に愛されるローカル市場

デザインの歴史を学べる
デザイン博物館
Museu del Disseny de Barcelona
バルセロナ東部 MAP 付録P.11 D-2

4つの美術館・博物館を統合し、デザインの殿堂として誕生した博物館。陶芸、装飾、衣服、グラフィックアートなど、多彩なジャンルの展示品を鑑賞できる。上部が大きくせり出した建物も実にアーティスティック。

☎93-2566800 ✉Ⓜ1号線Glòriesグロリエス駅から徒歩1分 ⌂PL. de les Glòries Catalanes 37-38 ⏰10:00〜20:00 ✕月曜(祝日の場合は開館)、1/1、5/1、6/24、12/25 ¥常設展€6、特別展€3
🌐https://ajuntament.barcelona.cat/museudeldisseny

↑新旧さまざまな分野のデザインを展示公開

←デザイン関係の資料が充実したライブラリーもあり、気軽にデザインにふれることができる

43

BEST 11 THINGS TO DO IN BARCELONA

04 現代美術の3大巨匠 その足跡を辿ろう！

奇想天外な芸術に心開かれる

ピカソ、ミロ、ダリ
カタルーニャ前衛の到達点

↑美術館があるのは、中世の雰囲気を残すモンカダ通り。路地歩きも楽しみたい

後世に影響を与えた巨匠たちゆかりの地であるバルセロナとカタルーニャの地。3人の芸術にたっぷりふれられるスポットへ。

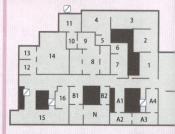
2階／First Floor

多感な青春時代をバルセロナで過ごした稀代の天才画家

パブロ・ピカソ
Pablo Picasso

キュビスムの生みの親であり、史上最も多くの芸術作品を残した画家・ピカソ。ゆかりの場所をチェックしていこう！

少年期の作品に陶器、版画 天才画家の源流にふれる

ピカソ美術館
Museu Picasso

ボルン地区 MAP 付録P.15 D-3

14歳でバルセロナに移り住み、画家としての活動をスタートさせたパブロ・ピカソ。1963年にオープンしたピカソ美術館には、幼少期や修業時代、また「青の時代」と呼ばれる初期の作品が数多く並ぶ。年代順に展示された絵を見れば、彼が若いころから卓越した技術とセンスをもっていたことがうかがえる。ほかにも、ピカソが創作した版画、陶器、素描、油絵なども展示されており、多角的にピカソの芸術を鑑賞できる。

☎932-563000
⊕4号線Jaume Iジャウマ・プリメール駅から徒歩5分 ⊕C. Montcada 15-23 ⊕9:00〜19:00(木曜は〜21:30) ⊕月曜 ⊕€12
⊕http://www.museupicasso.bcn.cat/

information
● チケットの購入はWebで　バルセロナでも人気のピカソ美術館では、チケット購入に時間がかかることもある。事前に購入しておきたい。チケットは、公式サイトの「Buy Tickets」から購入することができる
● 入館時間の予約　チケット購入時にネットで入館時間帯を選ぶことができる。入場待ちにも長い行列ができるので、面倒くさがらずに予約を入れておこう

↑中世に建築されたアギラール邸を利用した美術館。ミュージアムショップも充実している

44

マルゴット
L'espera (Margot) 1932年
ゴッホに影響を受けたといわれる、点描法を使って描いた娼婦の絵。ピカソが初めてパリを訪れた20歳のときに描いたもので、彼が国際的に注目を浴びた出世作としても名高い
● Room 7

ハーレクイン
Arlequín 1917年
ピカソの絵には、よく道化が登場する。こちらはバルセロナ滞在初期のもので、衣装の深い青とカーテンの赤のコントラストが美しい
● Room 9

ラス・メニーナス
Las Meninas (conjunt) 1957年
ピカソ美術館の目玉的な作品。スペインの宮廷画家・ベラスケスの『ラス・メニーナス』をもとに、ピカソが描いた58枚のうちの一点
● Room 12

鳩
Els colomins 1957年
幼少期から鳩が好きで、絵のモチーフとして何度も使用していたというピカソ。美術館にも、鳩を題材とした作品が数多く展示されている
● Room 15

鑑賞のポイント
赤、黄、緑、黒などの原色を用いて描きあげた。黄色の背景と、赤い服が作品全体に華やかさを醸し出す

鑑賞のポイント
南仏・カンヌのアトリエで描かれた作品。燦々と降り注ぐ太陽や、青い海が美しい

鑑賞のポイント
ギリシャ時代から、世の矛盾をユーモラスに告発する役割を担っていた道化。この絵からは、弱者を思うピカソの精神も感じ取れる

鑑賞のポイント
1957年に描かれた「キュビズム時代」の作品。陰影のコントラストや人物の描写などピカソらしいアプローチで絵画が再構成されている

バルセロナでぜったいしたい11のコト

04 ピカソ、ミロ、ダリ カタルーニャ前衛の到達点

© 2020 - Succession Pablo Picasso - BCF(JAPAN)

BEST 11 THINGS TO DO IN BARCELONA 04

若き日の天才画家の足どりをたどってみよう
訪ねてみたい! ピカソゆかりのスポット

14歳から約10年間、パリに移り住むまでピカソが青春時代を過ごしたバルセロナ。
街なかには、足繁く通ったカフェやデッサン画が使用された建物など、ゆかりの場所が点在。

ピカソら芸術家が愛した老舗レストラン
クアトラ・ガッツ
4 Gats
ゴシック地区 MAP付録P.14 C-2

1897年創業。芸術家が集い、またピカソが通い詰めた、ゴシック地区を代表するレストラン。ウディ・アレン監督の映画『それでも恋するバルセロナ』にも登場した。
☎93-3024140
交M1・4号線Urquinaonaウルキナオナ駅から徒歩4分 所C. Montsió 3 9:00〜24:00 休無休

↑レストランを立ち上げた4人を猫になぞらえた「4匹の猫」を意味する店名は、日本語でいえば「閑古鳥」にあたる慣用表現
→壁にはラモン・カザスの絵が飾られている

↑ムール貝€12。バルも併設しており、奥がレストラン。レストラン手前はバルの小皿料理や飲み物のみ

←ジントニック 小€9、大€15

街角でピカソのデッサンに会う
カタルーニャ建築家協会
Col.legi d'Arquitectes de Catalunya
ゴシック地区 MAP付録P14 C-2

カテドラル前のノバ広場にあるカタルーニャ建築家協会。壁には、民族舞踊・サルダナや巨人人形ヒガンテスなどを描いたピカソのデッサンが描かれている。
☎933-015000 交M4号線Jaume Iジャウマ・プリメール駅から徒歩4分 所Plaça Nova 5

↑シンプルながらも、躍動感にあふれた、力強いタッチが特徴

スペインの現代美術を観る美術館

多くの芸術家を生み出したバルセロナ。
その流れは脈々と受け継がれる。

コンテンポラリーアートが揃う
バルセロナ現代美術館(MACBA)
Museu d'Art Contemporari de Barcelona
ラバル地区 MAP付録P.14 A-1

通称マクバ。館内には、1950年代以降のコンテンポラリーアートが数多く展示されている。ショップには、ニューヨークのMOMAなどのグッズも並ぶ。
☎934-813368 交M1・3号線Catalunyaカタルーニャ駅から徒歩5分 所Plaça dels Angels 1 11:00(土曜、祝日10:00)〜19:30(土曜は〜21:00、日曜、祝日は〜15:00) 休火曜 €10 http://www.macba.cat

↑白で統一された建物はアメリカのリチャード・マイヤーによるもの

ピカソ、ミロ、ダリの原点・バルセロナ

スペインを代表する巨匠・ピカソ、ミロ、ダリ。枠にはまらない独自の表現を追求した彼らにとって、バルセロナは「特別な場所」とも言える。三者三様の関わり方を見ていこう

バルセロナで今も愛される現代美術の3巨匠たち

20世紀を代表する天才画家・ピカソ。鮮やかな色彩で抽象的な絵を描く異才・ミロ。シュールレアリスムの巨匠・ダリ。20世紀初頭のバルセロナは、アーティストたちが集まり、芸術の生まれる場所そのものであった。なかでも、この3人の名は多くの人々が知るところだろう。古来、さまざまな民族が行き交い、地中海に開けていることから常に新しいものを受け入れ、国際的な街としても発展してきたバルセロナ。独特の文化を築いてきた都市が3人に与えた影響について見ていこう。

バルセロナの独立心がピカソの精神的な支柱に

マラガで生まれたパブロ・ピカソがバルセロナを訪れたのは1895年、14歳のころだ。当時のバルセロナは、カタルーニャ・ルネサンスと呼ばれるほど芸術運動が盛んであり、活気あふれる街の雰囲気は多くの若手アーティストたちをひきつけていた。その中心ともいえるのが「クアトラ・ガッツ（四匹の猫）」という名のバル・レストラン。芸術家のたまり場であったこのバルにピカソも足繁く通い、さまざまなインスピレーションを受けた。ピカソが初の個展を開いたのもこの店で、店のポスターのデザインを手がけることもあった。

活動の拠点をパリに移したあとも、ピカソのカタルーニャ時代の友人との交流が続いていたという。バルセロナのアビニヨン通りの売春婦たちを描いた『アビニヨンの娘たち』はキュビスムの原点ともいえるもので、パリで注目を浴びた。代表作のひとつとして知られる『ゲルニカ』は、スペイン内戦時におけるゲルニカ地方への無差別爆撃への抗議として描かれたもので、ピカソの故国に対する思いを感じさせる。バルセロナはピカソの画家人生における出発点であると同時に、独立的精神を育んだ場所であったのかもしれない。

故郷の自然との精神的なつながりを大事にしたミロ

真っ青な空の下には、枝を広げ天に向かって伸びるユーカリの木、家畜小屋、古びた農家、細部にはさまざまな生き物たちが独特のタッチで丁寧に描かれている。ジョアン・ミロの初期の代表作『農園』は、ミロが生涯愛したスペインの原風景を描いたものだ。

バルセロナの裕福な宝石商の家に生まれたミロが画家になることを決意したのは18歳のころ。神経衰弱を患い、静療のために訪れた近郊の街・モンロッチの別荘で、豊かな自然に大きく心を打たれての決心だった。翌年、ミロはバルセロナのガリ美術学校に入学。色彩感覚の素晴らしさを見出され、ジョセップ・ダルマウの画廊で個展を開くなど、バルセロナを中心に活動を続けた。

ミロがその独創的な画風を掴むきっかけも、当時のバルセロナにあった。ピカソが確立したキュビスム（ひとつの物体をさまざまな角度から見て描く技法）から形体の多角的な描写を、フォービスム（野獣派、明るい色合いを用いながら、細部を簡略化する技法）からは生命力あふれる色彩や簡略化を身につけた。その後、パリとモンロッチの間を行き来し『農園』などを発表。パリに向かう際も、カタルーニャのオリーブやイナゴ豆を持参していたほど故郷を愛していたという逸話も残っている。

「芸術家が普遍的であろうとするならば自分自身の大地に深く根ざしてなくてはいけない」。ミロの画家としての活動はカタルーニャの大地に深く根ざしていたのだ。

↑ダリが愛し晩年を過ごした、カダケスのポルリガートの入り江

カタルーニャの地を愛しそこで伴侶と人生を謳歌

1904年にバルセロナ近郊の農業都市・フィゲラスに生まれたダリも、幼いころからバルセロナ文化を身近に育った芸術家のひとりだ。母方の叔父はバルセロナで書店を経営しており、ダリ少年は、冬の休暇を利用してバルセロナへ行き、叔父の店を訪問したり、建設中のグエル公園を散策したりしていた。

また、夏にはフィゲラス近郊の港町カダケスに滞在していたダリ一家。幼いダリにとって楽しみだったのが、美しい海岸線と岬にある強風で侵食された奇岩を見ることであったという。ダリが愛したカダケスには「卵の家」と呼ばれ、ダリが愛妻ガラと晩年を過ごした家がある。

↑3人が個展を開いたジョセップ・ダルマウの画廊があった、ゴシック地区のプルタフェリサ通り

独立精神を培ったピカソ、原風景のなかに精神世界を見出したミロ、カタルーニャを愛し、そこでの暮らしを楽しんだダリ。あなたは、バルセロナの明るい日差しと、自由な文化のなかに何を見つけるだろうか？

↑バルセロナ・ミロ美術館からバルセロナの街並みを望む

BEST 11 THINGS TO DO IN BARCELONA 04

バルセロナで生まれ育った、遅咲きのシュールレアリスト

ジョアン・ミロ
Joan Miró i Ferrà

生涯にわたり、カタルーニャの原風景を描き続けたといわれるミロ。モチーフを極限まで単純化した、鮮やかな抽象画を数多く残した。

モンジュイックの丘に立つ世界最大の個人美術館

ミロ美術館
Fundació Joan Miró
モンジュイック MAP 付録P8 B-3

バルセロナの青空に映える白亜の建物の中には、ミロの作品約1万点を所蔵。絵画以外にも、ミロらしいカラフルなオブジェや、巨大なタペストリー、版画、スケッチなどが年代別に展示されている。設計はル・コルビュジェの下で働いていたジョゼップ・リュイス・セルトによるもので、モンジュイックの森に溶け込むようなデザインが特徴。バルセロナ市民には「ミロからの贈り物」といわれ親しまれている。

☎937-439470 ❖フニクラ・Parc de Montjuicパルク・デ・モンジュイック駅から徒歩3分 ❖Parc de Montjuic ❖11〜3月10:00〜18:00(日曜は〜15:00) 4〜10月10:00〜20:00(日曜は〜18:00) ❖月曜 ❖€13
https://www.fmirobcn.org

→バルセロナの街を見下ろす丘に立つ美術館は「市民が文化遺産にふれられるように」というミロの思いによって建てられた

information
● チケットの購入はWebで 公式HPからチケット購入が可能。行列スキップ(一般チケット€13とガイド付きツアー€20の2種類から選択できる。ツアーは英語、スペイン語、フランス語のみ
● 入館時間の予約 チケットを事前予約すると、並ばずにミロ美術館に入場できる

モーニング・スター
Morning star 1940年

23点に及ぶ『星座シリーズ』のなかの1作。戦争の足音が迫るなか、争いとは対象的で普遍的な存在である宇宙を描き出した作品

鑑賞のポイント
薄い赤と青のグラデーションを背景に、星や生き物たちを黒線や原色で軽快に描いている

→開放的な空間でミロの世界を楽しめる。中央に展示されているのは『夜明けの鳥たち』という晩年の作品(『Birds at daybreak』1970年)

鳥の愛撫
The caress of a bird 1967年

麦わら帽子(顔部分)や亀の甲羅といった、雑多な要素を組み合わせて作られたブロンズ像

↑1975年に開館のミロ美術館。カラフルな展示棚にも、ミロらしさがあふれている

©Successió Miró / ADAGP, Paris & JASPAR, Tokyo, 2020 E3643

高さ22mの巨大なオブジェ
ミロ公園
Parc de Joan Miró
アシャンプラ MAP付録P8 B-1

☎931-537010 交M1・3号線Eapanyaエスパーニャ駅から徒歩5分 住C. d'Arago 2 営10:00~23:00 休無休 料無料

エスパーニャ広場に近いミロ公園には、晩年の彫刻『女と鳥』がそびえ立つ。セメントで作られ、陶板で覆われたカラフルなオブジェがミロの世界観を表している。

人工池の中にそびえる『女と鳥』。バルセロナ市役所のために作られたこの作品は、ミロの最後の彫刻作品ともいわれている

財団のタペストリー
Tapiz de la Fundación 1979年

女性をモチーフにした鮮やかな色づかいが特徴的なウール製タペストリー。編んだのは、タペストリーデザイナーのジョセップ・ロヨ

鑑賞のポイント
無地のタペストリーを燃やして焦げ跡をつけてから、布や糸を縫い付け色を加えるという独特な手法で作られた

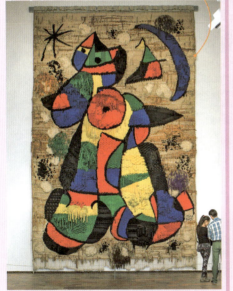

駅前に現れるカラフルなモザイク画
ミロのモザイク床 ▶P56
Mosaic de Joan Miró
ランブラス通り MAP付録P14 B-3

ランブラス通りの真ん中あたりにある、ミロがデザインしたモザイク画。単純化されたモチーフと鮮やかな色彩が特徴的。

蒼天の金
The gold of the azure 1967年

多くの天体を描いたミロの作品のひとつ。黄色と青のコントラストが美しく、アジア的ともいわれる、詩的な性質をもつ作品

鑑賞のポイント
絵をよく見ると、白い隙間や細かい渦巻き状の線があり、独特の空気感を醸し出している

足をのばしてもうひとつの美術館へ
ミロが晩年を送ったマヨルカ島にも、充実したコレクションが残されている。

アトリエ跡地そばに造られた美術館
ミロ美術館（マヨルカ島） ▶P89
Fundació Miró Mallorca
MAP P88

晩年を過ごした地には、後半生の作品が多く集まる。開放的な島の風景とともにミロの作品が鑑賞できる。

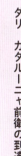

バルセロナでぜったいしたい11のコト

04 ピカソ、ミロ、ダリ　カタルーニャ前衛の到達点

BEST 11 THINGS TO DO IN BARCELONA 04

夢と現実が交錯する世界を描いた異端の画家
ダリの世界を体感する美術館

カタルーニャの小さな街、フィゲラスにあるダリ美術館をはじめ、近郊にはダリの足跡を残すスポットが多い。各地の美術館を巡ろう！

フィゲラスに眠る稀代のシュールレアリスムの画家
サルバドール・ダリ
Salvador Dalí

写実的に非現実的なものを描いた幻想画家。
不気味ながら、どこかユーモラスな作風が特徴。

↑外観からインパクト抜群のダリ美術館。元は劇場だった建物をダリ自身がデザインした。外壁には、作中でもよく描かれた卵のオブジェが並ぶ

トリックだらけの館内でダリの幻想世界を堪能！

ダリ劇場美術館
Teatro-Museo Dalí

フィゲラス **MAP** 付録P.3 E-2

ダリの生誕地、フィゲラスにあった市民劇場を改装し、1974年にオープン。館内には初期から晩年までのダリ作品およそ1万点が所蔵され、ところどころにあるダリらしい「仕掛け」が訪れる人々を驚かせ楽しませてくれる。小難しいことは考えず、存分にダリ・ワールドを楽しんでみてはいかがだろうか。

☎972-677500 交Figueresフィゲラス駅から徒歩12分 市Gala-Salvador Dali Square 5時9:30(4〜9月9:00、11〜2月10:30)〜18:00(4〜9月は〜20:00) 休10〜3月の月曜 金€15 HPwww.salvador-dali.org

information
● チケットの購入はWebで チケットはオンラインでも予約が可能。HPから予約しよう。オンラインで購入すると金額が€1安くなるが、併設のダリ宝飾館には入れないので注意が必要

↑中庭から見える、リンカーン大統領の顔。近寄ってみると、地中海を眺めるダリの妻・ガラの絵になる。ダリは愛妻家で知られており、ガラをモデルとした絵を数多く残している

↑焦点レンズを通すと、女優メイ・ウエストの顔が浮かび上がる『メイ・ウエストの部屋』

↑見上げてみると、天井に人がぶら下がっているように見える『ウィンド・パレスの天井画』

©Salvador Dalí, Fundació Gala-Salvador Dalí, JASPAR Tokyo, 2020 E3643

遊び心がいっぱい
ダリの晩年の家
ダリの家美術館
Casa-Museu Salvador Dalí

カダケス **MAP** 付録P.3 F-1

卵のオブジェがあることから「卵の家」として親しまれる、ダリの元住居兼アトリエ。館内には描きかけの絵や、ダリが愛用した画材などが当時のままに置かれている。

☎972-251015 バス停Sitgesシッチェスから徒歩15分 Platja Portlligat s/n 10:30〜18:00 夏期9:30〜21:00 1/7〜2/11、月曜(夏期は無休) €14 www.salvador-dali.org

↓ダリが愛したカダケスの地、地中海を見下ろす入り江にたつ白亜の建物

愛妻ガラへの贈り物は
美しい中世の古城
ガラ・ダリ城美術館
Castell Gala Salvador Dalí de Púbol

プボル **MAP** 付録P.3 E-2

ダリを語るうえで欠かせない、愛妻ガラ。奔放ながらも、ダリを世界的な画家にした敏腕マネージャーの顔もある。館内には、ガラの衣装やダリの版画などが展示されている。

☎972-488655 バス停La Gasolinera De La Peraラ・ガソリネラ・デ・ラ・ペラから徒歩20分 PL Gala Dalí E-17120 10:00〜18:00(夏期は〜20:00、冬期は〜17:00) 1/11〜3/13、月曜 €8 www.salvador-dali.org

↓美しい田園風景のなかにたたずむ、中世の面影を残した古城・プボール城

↑ダリの家美術館にたつダリの像。トレードマークのピンと尖った髭も健在

04 ピカソ、ミロ、ダリ カタルーニャ前衛の到達点

バルセロナでぜったいしたい11のコト

カタルーニャの美術を概観する
3人の作品を鑑賞したあとは、
カタルーニャの美の歴史をたどろう。

モンジュイックの丘に立つカタルーニャの美の殿堂
カタルーニャ美術館
Museu Nacional d'Art de Catalunya

モンジュイック **MAP** 付録P.8 B-2

1928年にバルセロナで開催された、万国博覧会の建物を利用した美術館。玄関から左側にはロマネスク美術、右側にはゴシック美術が展示されている。『タウイのサンタ・マリア聖堂の壁画』や『全能のキリスト』の絵画など、ロマネスク美術については世界有数のコレクションを誇り、ピカソが絶賛したほど。夜には美術館の建物を背景に噴水のライトアップショーが行われるので、あわせてチェックしてみよう。

☎936-220376 M1・3号線Eapanyaエスパーニャ駅から徒歩10分 Parc de Montjuïc 10:00〜20:00(10〜4月は〜18:00、日曜・祝日は〜15:00) 月曜 €12 www.museunacional.cat

↑バルセロナの街を見下ろすモンジュイックの丘に立つ、威風堂々としたたたずまいの美術館

BEST 11 THINGS TO DO IN BARCELONA

05 地中海都市・バルセロナの歴史に思いを馳せる

街を見渡す眺望スポット

View Spot

散策してきた場所がどこかわかるかな？

ほぼ平坦な街のところどころに小高い丘があり、サグラダ・ファミリアをはじめ、街並みを見渡すことができる。建物に囲まれた市街地散策のあとに、ぜひ足を運びたい。

街がまるでミニチュアのよう／バルセロナ北部の絶景スポット

ティビダボの丘
Tibidabo

バルセロナ北西部　MAP付録P4 C-1

標高535mの丘で、バルセロナ周辺では一番高い場所。頂上には1901年創業の遊園地があり、空中パノラマが楽しめるアトラクションが揃っている。遊園地の隣にはサグラド・コラソン教会があり、夜にはライトアップされる。

☎932-117942（ディビダボ遊園地）
交 Ⓜカタルーニャ広場から直通バス「ティビブス(Tibibus)」で約30分。もしくはPlaza Ctalunyaカタルーニャ広場駅から鉄道L7号線でAv. Tibidaboアベニーダ・ティビダボで下車、路面電車ブルートラムでジョン・F・ケネディ広場から終点まで15分、フニクラ(ケーブルカー)で頂上へ
所 Cumbre del Tibidabo
営休 季節により異なる

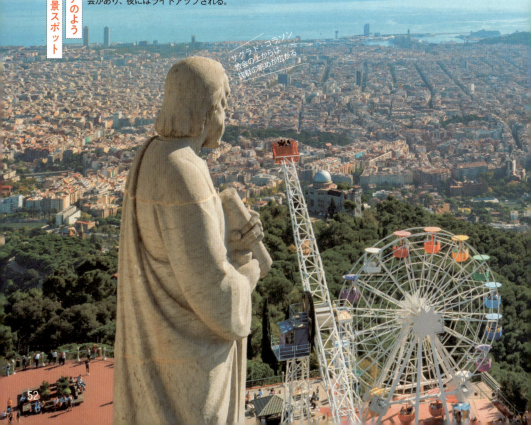

サグラド・コラソン教会の上からは抜群の眺めが広がる

52

➡天空の教会として知られるサグラド・コラソン教会。60年近い歳月をかけて1961年に完成したという

©iStock.com/Paopano

眼下にはティビダボ遊園地があり、その先にバルセロナの街並みが広がる

バルセロナでぜったいしたい11のコト

05 街を見渡す眺望スポット

©iStock.com/Jorge Burneo Celi

53

BEST 11 THINGS TO DO IN BARCELONA 05

↑カタルーニャ美術館からバルセロナ見本市会場方向を望む ©iStock.com/fotokon

モンジュイックの丘
Muntanya de Montjuïc

モンジュイック **MAP** 付録P.4 B-4

1929年には万国博覧会が、1982年にはバルセロナ・オリンピックの会場になった場所。カタルーニャ美術館など、文化施設も数多くある。

交 M 2号線Paral-lelパラレル駅からフニクラ(ケーブルカー)を利用。もしくは1・3号線Espanyaエスパーニャ駅から徒歩10分(カタルーニャ美術館) 営休施設により異なる

市街中心部にある小高い丘は文化施設も多い絶景スポット

→モンジュイック城まで続くゴンドラからの景色も素敵

←マジカ噴水では、カタルーニャ博物館を背景に、週末夜には噴水ショーが開かれる

ギナルド公園
Parc del Guinardó

バルセロナ北部 **MAP** 付録P.5 D-2

インスタグラムで注目を浴びるようになった展望スポット。市街地から比較的近く、見学自由とあって若者を中心に人気だ。公園内には1936〜39年のスペイン内戦時に要塞として使われていたカルメル要塞がある。

交 M 4号線Guinardó・Hospital de Sant Pauギナルド・オスピタル・デ・サン・パウ駅から徒歩15分 営休入場自由

かつての要塞は人気絶景スポットとして注目

↓市街地にほど近く、グエル公園からはのんびり散策しても30分程度でアクセスできる

©iStock.com/traumschoen

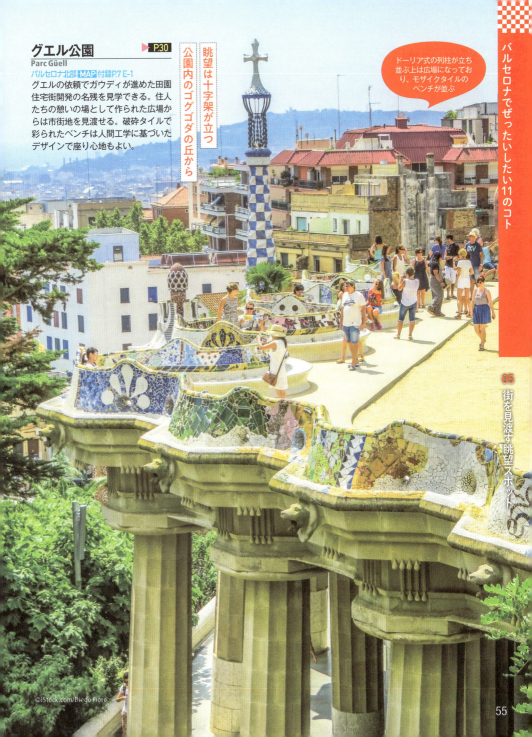

グエル公園
Parc Güell

バルセロナ北部　MAP 付録P.7 E-1　▶P.30

グエルの依頼でガウディが進めた田園住宅街開発の名残を見学できる。住人たちの憩いの場として作られた広場からは市街地を見渡せる。破砕タイルで彩られたベンチは人間工学に基づいたデザインで座り心地もよい。

眺望は十字架が立つ公園内のゴルゴダの丘から

ドーリア式の列柱が立ち並ぶ上は広場になっており、モザイクタイルのベンチが並ぶ

バルセロナでぜったいしたい11のコト

05 街を見渡す眺望スポット

©iStock.com/Diego Fiore

55

BEST 11 THINGS TO DO IN BARCELONA

06 スペインの街の雰囲気が詰まった賑やかな目抜き通り

寄り道しながら行ったり来たり

プラタナスの並木が美しい ランブラス通りを歩く

市街中心部のカタルーニャ広場からコロンブスの塔までの約1.5kmを南北に延びる通り。バルセロナに訪れたなら誰もが一度は歩く美しい並木道。

La Rambla

← 「この水を飲んだ者はバルセロナに戻ってくる」といわれるカナレタスの泉

← バルセロナ随一の賑わいの遊歩道だ

・カタルーニャ広場
M カタルーニャ駅　　ランブラス通り　　リセウ駅 M
・カナレタスの泉
Carrer de Pelai　Carrer del Bonsuccés
M 地下鉄駅
0　100m
Ronda de la Universitat

ミロのモザイク床 B
サン・ジョセップ市場 A
(ラ・ボケリア)

→ カラフルに並んだフルーツも写真映えしそう

A
サン・ジョセップ市場　▶P58
Mercat de Sant Josep
ランブラス通り MAP 付録P.14 B-2
バルセロナで最も有名な市場。ランブラス通りの中心にあるため、特に賑わいをみせる場所でもある。場内外には新旧のバーやレストランも軒を連ねる。
🚇 3号線Liceuリセウ駅から徒歩1分

↑ 日本では珍しい食材も多く見かける

B
ミロのモザイク床
Mosaic de Joan Miró
ランブラス通り MAP 付録P.14 B-3
活気にあふれるランブラス通りにあるバルセロナ出身の芸術家、ジョアン・ミロによる作品。ミロらしい単純化されたモチーフと鮮やかな色彩で描かれたモザイク床は日常に溶け込み、多くの人がその上を行き交う。
🚇 3号線Liceuリセウ駅から徒歩1分

↑塔の周りの彫刻にも注目したい

C レイアール広場
Plaça Reial
ランブラス通り **MAP** 付録P.14 B-3
ヤシの木とアーチ状の回廊に囲まれた異国情緒あふれる広場。回廊をテラス席にしたレストランやバルが立ち並び、多くの人で賑わっている。建築学校を卒業したガウディが初めて手がけた街灯があることで有名だ。
🚇 3号線Liceuリセウ駅から徒歩3分

E コロンブスの塔
Mirador de Colom
ランブラス通り **MAP** 付録P.14 B-4
カタルーニャ地方とアメリカの交易を記念して建てられた塔。高さは60mあり、エレベーターで上ることができ、360度の景色を見ながら、新大陸発見の歴史にふれられる。
🚇 3号線Drassanesドラサーネス駅から徒歩2分

↑市民の憩いの場所

←塔の台座には新大陸発見に関わった人物の像が彫られている

←旧市街を走るバルセロナのメインストリート

C レイアール広場

バルセロナ港 →

La Rambla

ドラサーネス駅 Ⓜ E コロンブスの塔

06 プラタナスの並木が美しいランブラス通りを歩く

バルセロナでぜったいしたい11のコト

D グエル邸

←屋上にもガウディを感じる世界観が

D グエル邸 ▶P34
Palau Güell
ランブラス通り **MAP** 付録P.14 B-3
地下1階地上4階の邸宅で、外観はシックで左右対称のクラシカルな造りだが、内装はガウディらしい華やかさに。当初は別館として建てられていたが、グエルがこの邸宅をたいへん気に入り、本館として使用したという。
🚇 3号線Liceuリセウ駅から徒歩3分

↑複合施設や水族館などが立ち並ぶポート・ベル

→かつて港だった場所を再開発したウォーターフロント

57

BEST 11 THINGS TO DO IN BARCELONA 06

バルセロナ最大の老舗市場へ行く
サン・ジョセップ市場を観光!

300店舗を擁し、生鮮食品の売買だけでなくおみやげも豊富にある。2500㎡以上の敷地はまるで迷路のよう。ここで売られる新鮮な果物を使ったスムージーが有名。

サン・ジョセップ市場
Mercat de Sant Josep
ランブラス通り **MAP** 付録P.14 B-2

ランブラス通りの中央に広がるマーケット。地元の愛称「ボケリア」はカタルーニャ語で「胃袋」を指し、名前のとおり生鮮品、乾物、調味料、菓子やお茶・コーヒー類まで、胃袋におさまるありとあらゆる食品を取り揃え、市民やレストランにも食材を提供している。
☎93-3182584 交M3号線Liceuリセウ駅から徒歩1分 所Rambla 91 営8:00～20:30 休日曜、祝日

↑ラ・ボケリアは胃袋の意味。サン・ジョセップと言ってもピンとこない地元民も

現在のオーナーシェフである86歳のフアニート氏は、ユーモアたっぷりで優しいカリスマ

↑気さくなスタッフがお出迎え

黄色い看板が目印
キム・ド・ラ・ボケリア
Quim de la Boqueria
ランブラス通り **MAP** 付録P.14 B-2

1987年、目立たない場所に幅3メートル、5席でスタートしたが、市場内で移転し、現在は好位置を占める。地元の新鮮な食材を使ったタパスや本格料理で、味とサービスは第一級。朝食・ブランチ・昼食に利用できる。
☎93-3019810 営7:00(月・水曜12:00)～16:00(金・土曜は～17:00) 休日曜

オーナー兼料理人のキム氏の笑顔も魅力

↑↗バルセロナ市民にも大人気の店

ボケリア市場の名物バル
ピノチョ・バル
Pinotxo Bar
ランブラス通り **MAP** 付録P.14 B-2

ボケリア市場内で最も有名なバーのひとつ。代々家族経営で、新鮮な食材を使った伝統的なレシピの料理はどれもおいしい。混んでいる時でも意外と回転は早いことが多い。
☎93-3171731 営7:00～16:00 休日曜

↑ちょい呑みにもピッタリ

小イカと卵 €19.75
Huevos con chipirones

エビのアヒージョのカヴァ煮込み €22
Gambas al ajillo

モツ煮込み(ハーフサイズ) €6.50
Capipota

小イカと豆 €12.50
Chipirones con alubias

58

バルセロナでぜったいしたい11のコト

スペインの美味が集結した、バルセロナ市民の台所

↖↑エキゾチックなフルーツなども並ぶ。名物の新鮮フルーツカップ€2〜。スムージーもさまざまな果物をお好みで混ぜてもらえ、その場で飲むことができる

06 プラタナスの並木が美しいランブラス通りを歩く

ハモン・イベリコならこのお店へ！
マルコス・ボケリア886
Marcos Boqueria, 886

ランブラス通り **MAP**付録P.14 B-2

ボケリア市場内で1972年から店舗経営する、ハムやチョリソ、またカタルーニャでよく食べられる細めの薄味サラミのようなフエッなど、セミドライ、ドライ系の腸詰の専門店。品質はどれも一流のものばかりで、地元の固定客も多い。

☎93-3022873 ◎8:00〜20:00
休日曜

肉製品は日本へは持ち帰れないので、ホテルなどで楽しもう

↑少量でもテイクアウトできるので、気軽に立ち寄ろう

→放し飼いイベリコ豚のハム€11.90/100g やセミドライの手作りフエッ€7/300g

↑チーズ好きにはたまらない品揃えの豊富さ

チーズや保存食品の専門店
エリサ
Formatgeria i Queviures Elisa

ランブラス通り **MAP**付録P.14 B-2

1949年から市場内で営業する、チーズやハム、腸詰、オリーブなど保存食品を置く店。オリーブオイル、酢などの調味料や、缶詰、ジャム、ワインなども取り扱う。

☎93-3181137 ◎8:00〜19:30
休日曜

↓「ブランカフォルト Blancafort」はカタルーニャ産のチーズ。ヤギのチーズ小€4.50

厳選した質の良い品々は、地元客にも観光客にも人気

↑フランスの有名メーカー「エシレ Échiré」のバター€5.50

59

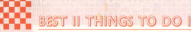

07 スペインの食文化の一端を担う街の社交場

飲んで食べて楽しい！バルにハマる！

街歩きの途中で小腹がすいたとき、ひと休みしたいとき、ビールが飲みたくなったとき、いつでも便利な居酒屋食堂！

スペインの街歩きが楽しいのは気軽に寄れるバルがあるから！

バルセロナはスペインでも美食で知られるカタルーニャの大都市。だからバルの食べ物も充実。ステーキなど本格的な料理があるバルもあるけれど、基本はタパスという小皿料理とやや小振りなピンチョスをつまみにビールを飲む店。旨い早い安い！のがバルの特徴。

街で評判！ココがウマい！
行列も覚悟の人気バル

味が絶品で、お皿の数が多くて、楽しい店なら並ぶのは当たり前！

カル・ペップ
Cal Pep

ボルン地区 MAP 付録P.15 E-4

ユーモアたっぷりで誇り高きシェフペップ氏が生み出す独自のスタイルの地中海料理。4人以上で予約可。カウンター席は予約不可だが、ペップ氏と料理人たちの仕事の様子を見ることができる。

☎93-3107961 ❹4号線Barceloneta バルセロネータ駅から徒歩4分 ⌂Plaça de les Olles 8 ⏰13:00〜16:00、19:30〜24:00 休月曜のランチ、日曜

身近な旬の素材をシンプルに味わい深く

↑行列を避けるなら開店前には着いておきたい

↰デザートには自家製のクレマ・カタラナ€6.40を

↰アサリとハムの煮物€17.50。魚介とハムの旨みが絶妙

↑小イカとヒヨコ豆の煮込み€16.80

↑トルティーヤはピリ辛チョリソのトラップ入り€8.70

↑マグロのタルタル€19.90

奥にあるテーブル席のほか、店頭にカウンター席がある

エル・シャンパニェト
El Xampanyet

ボルン地区 MAP 付録P.15 D-3

1925年創業の老舗バルで、バルセロナ市内でも最も人の集まる人気名物店のひとつ。あらゆる種類のタパス、ピンチョス、腸詰、チーズ、漬物などが食べられる。予約は不可でとにかく混雑するので、早い時間に行くことがおすすめ。

☎93-3197003 ❿4号線Jaume Iジャウマ・プリメール駅から徒歩4分 所C. Montcada 22 営12:00～15:30、19:00～23:00 休日曜のディナー、月曜

クラシックな雰囲気が魅力の老舗バル

→メニューはないのでカウンターで指を差して注文

→カタルーニャ名物のパン・コン・トマテもおすすめ。生ハムやアンチョビをのせて

→マグロの腹身をローストしたもの€7

→タラのマリネ €6.50

→店名にもなっているシャンパニェト(発泡ワイン)はグラス€1.80、ボトル€10

バル・デル・プラ
Bar del Pla

ボルン地区 MAP 付録P.15 D-3

4人のソムリエが生み出したタパスバルで、おいしいワインとともに、新鮮な季節の味を地元で味わおう、というコンセプト。同時に、国境を越えた各国の味や食の未来を見据える心意気ももち合わせ、創作タパスにも意欲的。

☎93-2683003 ❿4号線Jaume Iジャウマ・プリメール駅から徒歩3分 所C. Montcada 2 営12:00～23:00(金・土曜は～24:00) 休日曜

地元・世界の料理にワインを合わせて

→ピカソ美術館のすぐ近く

→ひよこ豆入りカリョス(モツを煮込んだもの)€9

→牛タルタルのフォアグラ添え€12.50

↑スタイリッシュで居心地のよい店。店員も親切

キメ&キメ
Quimet & Quimet

ポブレ・セック MAP 付録P.8 C-3

市内でも最も古いバルのひとつで、1914年創業。名物のモンタディート(小ぶりのサンドイッチ)のほか、オリジナルのタパスも多く、価格はお手ごろで味も保証つき。立ち飲みの小さな店舗で混み合うが、ボトルや絵がぎっしりと飾られたフレンドリーな雰囲気で楽しめる。

☎93-4423142 ❿2・3号線Paral·lelパラル レル駅から徒歩3分 所C. Poeta Cabanyes 25 営12:00～16:00、19:00～22:30 休土・日曜

オリジナルタパスが評判の老舗立ち飲みバル

→ここで一杯飲んでから遊びに行く、というのが若者の定番だったこともあるという有名店

→燻製カキと赤ピーマン€3.50

→鮭とギリシャ風ヨーグルト€3

→ビワにチーズとアンチョビを合わせていただく€3.75

バルセロナでぜったいしたい11のコト

07 飲んで食べて楽しい!バルにハマる!

61

BEST 11 THINGS TO DO IN BARCELONA 07

美食の極みを気軽に
創作タパスで
おいしい驚き

創意工夫を重ねたオリジナル
タパスを出す店が近年は人気。

↑バルというよりもレストラン。店内はシンプルだがどの料理も妥協を許さない

伝統のカタルーニャ料理に新たな息吹を

カフェ・ダ・ラカデミア
Cafè de l'Acadèmia
ゴシック地区 MAP 付録P.15 D-3

ゴシック地区のカタルーニャ料理レストラン。シックな内装とセンス良くアレンジされた伝統料理が食べられる。いろいろ食べてみたい人のため、料理はハーフでも注文できる。春夏にはテラス席がおすすめ。

☎93-3198253 4号線Jaume Iジャウマ・プリメール駅から徒歩2分 C. Lledó 1 13:00～16:00、20:00～23:00 土・日曜

↑牛ヒレ肉とジャガイモのグラタン€25、ハーフ€15

↑エスケイシャーダ(タラを使ったサラダ)€15、ハーフ€8.75。ナッツとトマトを使ったロメスコソースで

↑フォアグラとブドウのリゾット€17、ハーフ€9.50

↑教会近くの脇道にある。店の入口はいたって目立たない。ランチはわずか15€。予約必須

チケッツ
Tickets
ポブレ・セック MAP 付録P.8 C-2

伝説のレストラン「エル・ブジ」のアドリア兄弟が生んだ、ミシュラン1ツ星レストラン。劇場のような遊び心たっぷりの空間と料理は、まるでショーのよう。予約はHPで60日前の午前0時から。即完売するので要注意

☎93-2924252 3号線Poble Secポブレ・セック駅から徒歩2分 C. Parallel 164 19:00～22:30 土曜は13:00～15:00もあり 日・月曜

↑人気店で、2カ月後の予約が15分で埋まることも ↑12歳からキッチンに立っているというシェフ、フラン・アグド氏

タパスの概念を覆す料理の数々

↑牛肉をベアネーズソースで仕立てて、クリームでトッピングしたポテトのスフレ。1つ€6.60

→フレッシュオレンジジュースでアレンジしたゼリー。1つ€2.10

↑冷製アボカドピザのサラダ添え1ピース€9.20

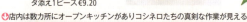
↑店内は数力所にオープンキッチンがありコシネロたちの真剣な作業が見える

バルセロナでぜったいしたい11のコト

07 飲んで食べて楽しい！バルにハマる！

リャンベール
Llamber
ボルン地区 MAP付録P.15 E-3

エル・ブジのキッチンを経験したシェフらによる、アストゥリアスとカタルーニャの伝統料理とグルメ料理の狭間にある味覚をとことん追求する店。季節の食材を用いたオリジナルタパスや創作料理が楽しめる。

☎93-3196250 ⓜ4号線Jaume Iジャウマ・プリメール駅から徒歩7分 ㊟ C. Fusina 5 ⓗ 12:30(金～日曜13:30)～24:00 ㊡無休

↑2009年にアストゥリアスで開店し、5年後にバルセロナに移転

←フライドポテトにアストリア地方のカブラレスチーズを添えて €10.50

←赤エビのアロス・セコ(汁なしパエーリャ) €19
←タコのロースト €22。添え物の豆はカタルーニャの特産

アストゥリアスとカタルーニャの伝統料理

ラ・タベルナ・デル・クリニック
La Taverna del Clínic
アシャンプラ MAP付録P.6 A-4

魚は毎日フィステーラから、野菜はカタルーニャとガリシアの有機野菜の畑から直送と、小規模業者に絞った仕入れにこだわる。季節の素材をふんだんに使っており、同じものは食べられない。

☎93-4104221 ⓜ5号線Hospital Clinicオスピタル・クリニック駅から徒歩1分 ㊟ C. Rosselló 155 ⓗ 13:00～17:00, 20:00～23:00 ㊡日曜

季節や気候で変わる 一期一会の料理たち

↑レストランは落ち着いた雰囲気。ディスプレイには生きたウニも

↑ヒメジに似た魚サルモネテにパッションフルーツを使ったソースを添えて。€19

←赤エビの小粒エンドウ豆添え €28
←殻付きウニとトリュフ入りのグラタン €11.50

↑自由で居心地のよい空間で、季節の材料を生かした創造的なタパスを楽しむ、というのが店のコンセプト

スクレント
Suculent
ラバル地区 MAP付録P.14 A-3

店名は「ゆっくり浸す」ことを意味するカタルーニャ語。料理の最後にパンをソースに浸して食べることからこの名をつけた。地中海・スペインの庶民の味に新たな解釈を加え、素材の旨みに注目した味を提供する。

☎93-4436579 ⓜ3号線Liceuリセウ駅から徒歩6分 ㊟ Rambla del Raval 45 ⓗ 13:00～16:00, 20:00～23:30 ㊡月・火曜

エル・ブジ出身シェフによるこだわりソースの創作料理

↑マグロ腹身入りロシア風サラダ €9.50

↑焼いたカボチャには、パルメザンチーズを使ったソースをかけていただく。 €15.50

←市内でも国際色の豊かなラバル地区の中央に位置する

←タルタルステーキ €16は下の骨髄とともにいただく

↑ワイン貯蔵庫だった空間を改造した、3つの空間をもつ

←赤エビのセビチェ(魚介のマリネ) €14.50

63

BEST 11 THINGS TO DO IN BARCELONA 07

ちょっとつまむのに最適
おいしいひと口
ピンチョス・バル

いろんな種類を食べたいなら、ピンチョスがおすすめ。

イラティ
Irati
ゴシック地区 MAP 付録P.14 B-2

バスク地方のピンチョスがメインのバル。丁寧に作られたピンチョスはどれも美味で、オリジナルの創作ピンチョスもさまざま。散策中に立ち寄って、小腹を満たすにもぴったり。

☎933-023084
Ⓜ3号線LiceuリセウIC駅から徒歩1分 C. Cardenal Casañas 17 ⏰12:00〜0:30（金・土曜は〜翌1:00）
休無休

▶ ゴシック地区の気さくな「バスク」バル

↑まるでサン・セバスチャンのようなバル風のカウンター

→テーブル席もあるので、落ち着いた食事にも利用可能

↑これぞピンチョス。生ハムにチーズなどバスクの味がたくさん。もちろんハムは本場のイベリコ豚

↑バスクの郷土料理ピルピル€5.50。タラをオリーブオイルで煮て、オイルを乳化させたソースをかける
↓ワタリガニに似たネコラガニをドノスティア（サン・セバスチャン）風で€6

チャペラ
Txapela
アシャンプラ MAP 付録P.13 D-3

「チャペラ」とはバスク語で、バスクの象徴ベレー帽のこと。庶民の食堂といった雰囲気のチェーン店ながら、本格派の実力を保つ。チャコリや小さなコップ、チキートで飲む赤ワイン、リンゴのシドラ（シードル）なども味わえる。

☎93-4120289 Ⓜ1・3号線Catalunyaカタルーニャ駅から徒歩2分 Passeig de Gràcia 8-10 ⏰7:30〜翌0:30（金・土曜〜翌1:30）休無休

▶ バスクの発泡ワイン チャコリが楽しめる

↑グラシア通り沿いにあり、カサ・ミラなどの観光の休憩にも使いやすい

↑イワシ、トマト、黒オリーブをパイ皮にオン。€2.05

ピンチョスとは？
薄切りにしたパンにさまざまな具をのせたタパスで、もとはスペイン北部のバスク地方の文化。カウンターにずらりと並んでいるのが一般的で、1つ€1〜2くらい。ピンチョは具を止めている「串」のことで、串の本数で勘定することもある。

ラ・タスケータ
La Tasqueta de Blai
ポブレ・セック **MAP**付録P.9 C-3

タパスやピンチョスの店が集まるポブレ・セックでも、特に有名な店。質のよいピンチョスは60種以上並ぶ。元気な店員のいる若々しく打ち解けた雰囲気が魅力。ピンチョスの値段は€1からと安いが、見た目も味も満足できる。

☎93-17360561 ✈2・3号線Paral·lelパラレル駅から徒歩4分 所C. Blai 17 営12:30〜翌1:30 休無休

ピンチョス通りでも一番人気のバル

↑ピンチョスは典型的なバスク風もあれば、コロッケがのったものや中華風などの変わり種も

↓タラのブランダード €1。タラをペースト状にしたものをピリ辛のモホソースで

↑典型的なバスクのスタンディングスタイル。テーブルに座れたらラッキー

↑ブライ通りは、もともと飲食店が連なる歩行者天国的な通りで、リーズナブルなピンチョス・バルが多くある。週末などは賑わう

↑揚げたジャガイモに目玉焼をのせたタパス €1.80

↑チョコレートアイスの生クリーム添え€1などデザートもリーズナブル

バルセロナでぜったいしたい11のコト 07 飲んで食べて楽しい！バルにハマる！

タクティカ・ベリ
Taktika Berri
アシャンプラ **MAP**付録P.12 A-3

ピンチョス・バルを備えた、1995年開店の居酒屋風レストラン。店名の「タクティカ・ベリ」は、バスク語で「新たな戦略」という意味だが伝統的なバスク料理が楽しめる。開店以来変わらないメニュー以外にもいろいろおすすめがあり、ウェイターが親切に教えてくれる。

☎93-4534759 ✈5号線Hospital Clinicオスピタル・クリニック駅から徒歩9分 所C. València 169 営13:00〜16:00、20:30〜23:00 休土曜のディナー、日曜

ピンチョス・バルとレストランを備えた活気あるバスク居酒屋

↑店手前のピンチョス・バルはスタンド式。気軽にいろいろと試したい

↑奥にあるレストランスペース

↑ジャガイモのトルティーリャ €8.25

↑白身魚メルルーサの筒切り €19.80

カウンターには、さまざまなピンチョスが並ぶ

65

BEST 11 THINGS TO DO IN BARCELONA 07

立ち飲みやカウンターで
わいわい楽しむ
賑やかなバル

地元の人に交じって、おしゃべりしながら、楽しい時間を過ごそう。

カン・パイシャノ（ラ・シャンパネリア）
Can Paixano (La Xampanyeria)
バルセロネータ MAP 付録P.15 D-4

ものすごく混み合うことでも有名な、肉やハム、ソーセージなどのサンドイッチ専門のバル兼食堂。オリジナルのカバ「カン・パイシャノ」をグラスまたはボトルで頼み、バーで飲むこともできる。非常に安価で素朴な雰囲気。バルセロネータの象徴的な店ともいえる。

☎93-3100839 ◆4号線Barceloneta バルセロネータ駅から徒歩3分 ◆C. Reina Cristina 7 ◆9:00～22:30 ◆日曜、祝日

いつも激混み

バルセロネータの伝説バル

↑小腹がすいて何かちょっとつまみたいというときに理想的

↑モルシージャ（血のソーセージ）やサルチチャ（細身のソーセージ）、ブティファラ（カタルーニャ地方のハーブ入りソーセージ）を盛り合わせに。€4

←ボルン地区とバルセロネータのちょうど境目

←モハマ€3は、塩漬けしたマグロ。オリーブオイルをかけていただく

↑自家製サンドイッチ（ハモン・セラーノ、パプリカ、チーズ、玉ネギ）€3.30

セルベセリア・カタラナ
Cerveceria Catalana
アシャンプラ MAP 付録P.12 C-2

料理とともに雰囲気やサービスも良く、地元客にも人気の本格派バル。カウンター席、テーブル席、テラス席があり、場所によって料金が変わる。国内外のビールの品揃えが豊富で、地中海風のタパスやモンタディートを供する。

☎93-2160368 ◆3・5号線Diagonal ディアゴナル駅から徒歩5分 ◆C. Mallorca 236 ◆8:00（土・日曜9:00）～翌1:30 ◆無休

予約不可！早めに行こう

リストに名前を書き込もう

↑キッチンは終日稼働しており、場所を確保できれば素早いサービスが受けられる

←暖かい季節には、テラス席もおすすめ

←サーロインのフォアグラ添え€5.95（カウンターでの料金）

↑アーティチョークのフライ€6.15（カウンターでの料金）

↑フライドポテトに卵をのせたウエボス・カブレアードス€6.70（カウンターでの料金）

ラ・コバ・フマーダ
La Cova Fumada

バルセロネータ **MAP** 付録P.10 A-4

大理石のテーブルを置いた昔ながらのバル。ボンバと呼ばれる丸形のジャガイモのコロッケや手作り料理が人気。バルセロネータの漁師街の真ん中にあり、料理は指でつまんで食べるのが現地風。しゃれたモダンな雰囲気はないが、味は超一流。

☎932-214061 ⊗4号線Barceloneta バルセロネータ駅から徒歩7分 ⊛C. Baluard 56 ⊛月～金 9:00～15:10（土曜は～13:00）、木・金曜は18:00～20:10もあり ⊛日曜

洒落っ気は一切なしだけどローカルに交じって本気で飲めるバル

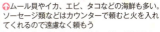

↑ムール貝やイカ、エビ、タコなどの海鮮も多い。ソーセージ類などはカウンターで頼むと火を入れてくれるので遠慮なく頼もう

←タラのオーブン煮€6.50（左）、ボンバ（丸形のコロッケ）€2（左下）、アーティチョークのロースト€4.40（右）、イカのロースト€8（右下）

←一切気取りがないので服装も気にしなくていい。まさに地元の「食堂」

ボデガ・ラ・パルマ
Bodega la Palma

ゴシック地区 **MAP** 付録P.14 C-3

ゴシック地区のグルメなワインバル。カタルーニャの伝統料理とともに、充実したワイン、カバの品揃えで知られる。ワイン樽や革袋、木や大理石のカウンターやテーブルに古くからの本格派の風格が漂う。コストパフォーマンス抜群のランチもおすすめ。

☎93-3150656 ⊗4号線Jaume Iジャウマ・プリメール駅から徒歩3分 ⊛C. La Palma de Sant Just 7 ⊛12:00～17:00、18:30～24:00 ⊛日曜

充実した料理とワイン カバが揃うグルメバル

↑創業1953年の存在感ある店構え

→グリーン・ピースとミントのコロッケ€2（上）とエンサラディージャ（ポテトや豆を和えたサラダ）€6.50（下）
©Esteve Vilarrúbies

↑大理石のテーブルがあり店内はバルの雰囲気いっぱい。平日は珍しく9時から開店しているため朝ごはんにも

バルセロナでぜったいしたい11のコト

07 飲んで食べて楽しい！バルにハマる！

67

BEST 11 THINGS TO DO IN BARCELONA

08 心地よい泡を生む秘密の洞窟へ潜入

カバのワイナリー訪問

Winery

テイスティングもお楽しみ!

カタルーニャ地方は実はワインの一大産地で、特にスパークリングワインのカバは、世界的な人気を誇る。カバを熟成させる洞窟のような蔵など、ワイナリーは秘密基地を探検するようなワクワク感に満ちている。

大都会を飛び出して豊かな緑に包まれたワイナリーへ

カバとはカタルーニャ地方で造られているスパークリングワインで、バルセロナバルなどでも地ワインとしてよくおすすめに挙がる。フランスのシャンパンと同じ、瓶内で二次発酵させることで炭酸が生まれる伝統的な製法で造られている。大都会のバルセロナだが、少し離れるとブドウ畑が広がり、内部の見学ができるカバのワイナリーもある。市中のバルなどで味見して気に入ったほうに訪れるのもおもしろいだろう。

↑最低9ヵ月、瓶内で熟成されたカバが生まれる

↑石造りのブランド名にも1551と創業年が刻まれる

創業1551年、450年の歴史を刻む世界最古のカバ生産者

コドルニウ
Codorniu

バルセロナ郊外 MAP 付録P.3 D-3

450年以上の歴史を誇る世界最古のカバのワイナリーとして知られる。建物の設計はモデルニスモの代表的建築家プッチ・イ・カダファルクが手がけており、スペインの重要文化財に指定されているほど、建物自体が重厚で歴史深い。ツアーでは迷路のように入り組んだワイナリーの内部を小さなトロッコ列車で巡る。

↑店舗兼事務所も凝った造り。どの建築物も非常に個性的で目を引くものばかり

☎93-8912561 ㊋1号線Urgellウルジェーイ駅、3・5号線Diagonalディアゴナル駅などから直行バスで約45分、4.10€。またはカタルーニャ広場などから近郊鉄道(Rodalies)で50分、Sant Sadurni d'Anoiaサン・サドルニ・ダノイア駅からタクシーで5分か徒歩30分。シャトルバス(11:50のみ)もあり ㊋Jaume Codorniu s/n ㊋9:00(土・日曜、祝日9:30)〜18:00(土曜は〜18:30、日曜・祝日は〜15:30)、ローシーズン9:00(土・日曜、祝日9:30)〜15:00(土・日曜、祝日は〜15:30) ㊡祝日、不定休 ㊋https://www.visitascodorniu.com

ツアー内容
料金: コドルニウ・カバ・ツアー(ガイド付)€16
所要時間: 1時間30分
備考: 要予約(HP、電話で)。ほかにアナ・プライベート・ツアー€24、カバ・テイスティング初級コース€42などもあり

洞窟のような蔵の中でゆっくりと熟成されるカバ

↑地下の蔵はトロッコ列車に乗り込んで巡る

↑熟成が30カ月以上に及ぶグランレゼルバは味わいも深い。ツアーでテイスティング可能

↑本館奥にあるショップではスーパーでは買えないような珍しいグランレゼルバのボトルが並ぶ

↑王室御用達を誇り、スペイン王妃マリア・クリスティーナの名を冠する

↑店舗兼事務所の中に入ると広いロビーが。ここでテイスティングも行われる

バルセロナでぜったいしたい11のコト

08 カバのワイナリー訪問

69

BEST 11 THINGS TO DO IN BARCELONA 08

カタルーニャの伝統が融合
充実したツアーのワイナリー
フレシネ
Freixenet
バルセロナ郊外　**MAP**付録P.3 D-3

代々ワイン造りを営んできたサラ家とフェラー家が、結婚によりひとつのワイナリーとして融合したのが1911年のフレシネの出発点。両家の持つ知識と歴史はさらに古く深いものとなる。カタルーニャの土地ならではの気候で育てられたブドウ品種をブレンドし、さまざまなカバ製品造りを行っている。

☎93-8917096 ✉カタルーニャ広場などから近郊鉄道(Rodalies)で50分。Sant Sadurní d'Anoiaサン・サドルニ・ダノイア駅からすぐ
所 Plaça Joan Sala 2　営予約状況による
休クリスマスと1月1週目など
URL https://www.freixenet.es

ツアー内容
料金:ガイドつきツアー(カタルーニャ語、英語などから選べる)€15。ツアーと往復の鉄道料金がセットになったチケットFREIXETRAIN€16.50も駅の券売機で販売されている
所要時間:1時間30分
備考:要予約(HPやメール、電話で。キャンセルは72時間前まで)

↑スペインでカバといえばフレシネというくらい定番のブランド

↑運転する人のためのノンアルコールのカバ、子どもにはブドウジュースも用意されている

↓カルタ・ネヴァダはマカベウ、チャレッロ、パレリャーダの全種をブレンドした定番のカバ

↑バス停や駅からすぐにアクセスできる立地もうれしい

↑ツアーの終わりには2杯のテイスティングがついてくる

↓カバの名前の由来となる地下の洞窟のような貯蔵庫で発酵・熟成させる

さまざまなワインを飲み比べよう！
ワイン自慢のレストラン&バーで乾杯!

ワイナリー見学のあとは、街へ繰り出しもっと多様なスペインのワインを楽しもう。
赤ワインは「ティント(tinto)」、白ワインは「ブランコ(blanco)」で通じる。

各地の料理が楽しめる料理居酒屋
タベルナ・カン・マルガリット
Taverna Can Margarit
ポブレ・セック MAP付録P.8 C-2

1974年開業。時の流れを忘れたような古い農家を思わせる店内に入ると、ワインを振る舞われ、くつろいだ雰囲気でカタルーニャ、レバンテ、アンダルシアの料理を楽しむことができる。夜のみ営業。
☎93-4416723 3号線Poble Secポブレ・セック駅から徒歩4分 C. Concòrdia 21 20:30〜23:30 日曜、祝日

→フミーリャ風ウサギの煮込み€14.10

→ムルシア風サラダ€5.10
→昔ながらの居酒屋へとさながらタイムトリップ

↑まるで古い農家かワイナリーにいる気分

3000を超えるワインが自慢
モンビニック
Monvínic
アシャンプラ MAP付録P.12 C-4

ユニークでモダンなカタルーニャ料理が食べられるワインバー。料理はスローフードに認定されたローカル素材を厳選して調理している。テラス席もあり。
☎93-2726187 2・3・4号線Passeig de Gràciaパセッチ・デ・グラシア駅から徒歩3分 C. Diputació 249 13:30〜15:30、20:00(月・土曜19:00)〜22:30 月・土曜の昼、日曜

↑世界でも類をみないワインセレクションの種類の豊富さが自慢

↑ポーチドエッグのジャガイモとキノコ添え€23

↓斬新なデザインの店内も居心地が良い

教会を見ながらグラスを傾ける
ラ・ビニャ・デル・セニョール
La Vinya del Senyor
ボルン地区 MAP付録P.15 D-3

旧市街の教会を眺めながらくつろげるテラス席でワインとタパスが楽しめる。選び抜かれたワインを数多く置いており、地元産の腸詰製品やチーズもある。
☎93-3103379 4号線Jaumeジャウマ・プリメール駅から徒歩3分 Plaça de Santa Maria 5 12:00〜翌1:00(金・土曜日〜翌2:00、日曜は〜24:00) 無休

←内部もシックな内装で居心地がよい

←イベリコハム€8.50など。タパスもおいしい

←サンタ・マリア・ダル・マル教会の前に位置する

バルセロナでぜったいしたい11のコト

08 カバのワイナリー訪問

71

BEST 11 THINGS TO DO IN BARCELONA

09 世界最高峰の戦いを見届ける

Liga Española

熱狂のリーガ・エスパニョーラ

世界で最も愛されているクラブといっても過言ではないFCバルセロナの本拠地で、たくさんのサポーターたちとともにエキサイティングなひとときを体験しよう。

スーパースターが世界各地から集結 世界が注目するリーグ戦を生で観戦

各国の一流プレイヤーが数多く在籍し、世界最高峰のサッカー・リーグとうたわれるリーガ・エスパニョーラ(ラ・リーガ)。バルセロナには、世界的ビッグクラブのFCバルセロナ(愛称バルサ)や中堅クラブのRCDエスパニョールが本拠を置いている。

バルセロナでもやはりFCバルセロナの人気が圧倒的でRCDエスパニョールは少数派だが、その分選手もサポーターもクラブ愛は強烈。また、近年両クラブともに、アジア資本が入っている。

リーグ戦は8月から5月の主に週末に実施、チャンピオンズリーグのゲームは9～5月の火・水曜に行われる。世界トップクラスの華麗なプレーと、地元サポーターの熱い応援ぶりをスタジアムで肌で感じよう。

バルセロナを本拠にするリーガ・エスパニョーラのチーム

世界最強とうたわれる常勝クラブ
FCバルセロナ
Futbol Club Barcelona
1899年設立。スペイン内に留まらず、ヨーロッパでも最高の実績を残すクラブ。人気は絶大で、その存在と実力はバルセロナ市民にとって、アイデンティティのひとつでもある。
🌐 https://www.fcbarcelona.jp/ja/

ホームスタジアム
● カンプ・ノウ・スタジアム　El Camp Nou

地元に強く根付いたクラブ
RCDエスパニョール
Reial Club Deportiu Espanyol de Barcelona
1900年設立。他クラブが外国人が多いなかスペイン人のみで結成され、現在も地元選手が多い。FCバルセロナとの対決は、カタルーニャ・ダービーとして、熱狂的な盛り上がりを見せる。
🌐 https://www.rcdespanyol.com

ホームスタジアム
● RCDEスタジアム　El RCDE Stadium

FCバルセロナのチームカラー、ブラウ・グラナ(青とえんじ色)とカタルーニャの黄色と赤に染まるカンプ・ノウ

バルセロナでぜったいしたい11のコト

09 熱狂のリーガ・エスパニョーラ

FCバルセロナのホームがこちら!

熱気渦巻くバルサファンの聖地
カンプ・ノウ・スタジアム
El Camp Nou
カンプ・ノウ周辺 MAP 付録P.4 B-2

1957年オープンのFCバルセロナの本拠地。名前は「新しいグラウンド」を意味する。10万人近い収容人数はヨーロッパ最大。
☎902-189900 交5・9・10号線Collblancコイブランク駅から徒歩6分など
所 C. Aristides Maillol s/n 開休 試合により異なる
HP https://www.fcbarcelona.jp/ja/

↑2020年から改修工事が始まるため注意

スタジアムのチケット売り場

タキーリャ(Tquilla)というチケット売り場が4カ所にある。クレジットカードのみで現金が使えない窓口もあるので注意。当日券の販売は、試合開催日の11:00～試合開催時間まで。人気のカードでなければ、当日にそれほど並ばなくても購入できる。
●南北ゴール裏のチケット売り場
当日券のみ購入できる。
●メガストア チケット売り場
前売券と試合開催日は当日券を購入できるほか、スタジアム・ツアーのチケットもここで販売されている。
●14番ゲートのチケット売り場
前売券のみ購入できる。

スタジアムへの入場口
敷地に入るゲート(Acces)と、本体への入口(Porta)がある

スタジアム・ツアーへ行こう

試合開催日以外は、ツアーでスタジアムを楽しむことができる。グラウンドレベルやプレスルームに入ることができるほか、これまでFCバルセロナが獲得した優勝トロフィーや、歴代の人気選手のユニフォームやシューズが並ぶ部屋など、ファンにはたまらない内容。ツアーのあとにはメガストアなどでグッズの購入も忘れずに。
開 9:30～19:30 1/7～4/13と10/14～12/15 10:00～18:30(日曜は～14:30)、最終入場は各1時間30分前 休試合開催日、チャンピオンズリーグの試合開催前日、1/1、12/25 料 ベーシックツアー€20、ガイド付ツアー(日本語あり)€45など

観戦ガイド

チケットを買う

●インターネットで買う
ホーム試合のチケットは、各チームのHPから購入できる。スタジアムも大きいので、ダービーマッチやチャンピオンズリーグ決勝などの重要な試合でなければ、難しくなく手に入れることができる。試合日の1カ月前ほどから購入できるほか、ゲームが近づくと年間シートのキャンセル分が出てくる。人気の試合でも再販売で購入できることがあるので、直前まで確認しよう。なお試合の日時が確定するのは、1～2週間前。自分での手配が難しければ、観戦ツアーを使うのも手。高くはなるが人気の試合でも確実に手配してもらえる。
●現地で買う
人気の試合でなければ、現地で購入することも可能。FCバルセロナであればスタジアムのほか、各地の公式ショップ、カタルーニャ広場のツーリスト・インフォメーションでも販売されている。

73

BEST 11 THINGS TO DO IN BARCELONA

10 バルセロナでも情熱に満ちた踊りが楽しめる!

フラメンコに心揺さぶられる

時に荒々しく、時に優美に、喜怒哀楽の感情を踊りに託して表現する

本場は南部アンダルシアだが、古くからエンターテインメント産業が盛んなバルセロナにも、数多くのフラメンコの演者が集まっており、質の高いショーを鑑賞することができる。激しいステップや深い歌声が、見るものを圧倒する。

喜怒哀楽の感情を歌や踊りで表現
情熱的でリズミカルな伝統芸能

　フラメンコとは、スペイン南部に伝わる民俗芸能。起源は定かではないが、15世紀ごろにアンダルシア地方に移り住んだロマ族が、現地の芸能をアレンジして生まれたといわれている。踊り(バイレ)と歌(カンテ)、ギター(トケ)の3要素がフラメンコを構成する。舞台付きレストランのタブラオで気軽に鑑賞できる。食事付きとドリンクのみのチケットが用意されているのが一般的。バルセロナのタブラオでも一流プレイヤーのショーを楽しめる。

©Tablao Flamenco Cordobes

フラメンコの3大要素

ショーを構成する基本要素がこちら。

踊り(バイレ) Baile
激しいステップで床を打ちながら、歌詞の内容を踊りで表現する、現代フラメンコの中心的存在。クライマックスでは男女のペアが情熱的に踊る。

歌(カンテ) Cante
フラメンコの起源は歌唱であり、すべての土台となる要素。歌い手はカンタオールと呼ばれる。歌詞は男女の愛や人生など身近な物事が主なテーマとなっている。

ギター(トケ) Toque
弦を指でかき鳴らしたり、ボディを叩いてリズムを取ったり、独特の技法でフラメンコの世界観を支える。現在では独奏もよく行われる。

注意点
● **写真撮影は確認を取ってから**
劇場によって、演技中の撮影可否やフラッシュ撮影の可否が異なる。撮影禁止の劇場でも撮影タイムを用意していることがあるので、よく確認を。
● **手拍子はむやみに打たない**
踊りや歌は伴奏や出演者の手拍子の微妙なリズムを取りながら演じられているため、観客の手拍子が邪魔になることも。「オーレ!」などのかけ声はOKなので、盛り上がったときはそちらで。
● **ドレスコードはある?**
これといった決まりはないので普段着で問題ない。せっかくの観劇なので、きれいめな服装を選べば気持ちも盛り上がる。

極上のフラメンコが楽しめる
おすすめのタブラオ ❸ 軒

バルセロナのフラメンコシーンをリードするタブラオをご紹介。名手による演技に感激間違いなし。

有名アーティストが出演、食事もできる本格派タブラオ
エル・コルドベス
El Cordobes
ランブラス通り **MAP** 付録P.14 B-3

市内でも最高の本格派フラメンコのタブラオ。1970年に芸術家の一家により設立されて以来、数々の伝統的フラメンコアーティストを招き、家族や地元仲間の集まりで演奏され発展してきたフラメンコの精神を失うことなく伝え続けている。

☎93-3175711 交 3号線Liceuリセウ駅から徒歩3分 所 La Rambla 35 営 17:00〜翌1:00(その日のプログラムによる) 休 無休 料 ショー(食事付)€79.50、ショー(ドリンク付)€45

←ピンチョ風の一品料理もある

©Tablao Flamenco Cordobes

→ショーは食事付きとドリンク付きから選べるため、食事は別でとってドリンクのみで鑑賞もできる

©Tablao Flamenco Cordobes

↑舞台は中ほどにあり、観客席は舞台から手が届きそう。迫力ある演奏・演技を目の前で見ることができる

手軽な値段で鑑賞できるショーハウス風タブラオ
ロス・タラントス
Los Tarantos
ゴシック地区 **MAP** 付録P.14 B-3

市内で最も古いタブラオで1963年開業。20世紀で最も重要なフラメンコ界の重鎮を招き、国内でも有数のタブラオとなった。近年も即興に基づく本物のフラメンコのショーを続けており、現地・国内の有名フラメンコアーティストや若手のステージを行っている。食事は別の建物となる。

☎93-3041210 交 3号線Liceuリセウ駅から徒歩3分 所 Plaça Reial 17 営 19:30、20:30、21:30の3ステージ 休 無休 料 ショー€17、ショー+ドリンク€22、ショー+食事€37(向かいのレストラン、エクスパットExpatでのタパス・ディナー)

↓観客席がかなり広くしっとりとショーを鑑賞できる

↑タブラオというよりもショーハウスに近い雰囲気

17世紀の屋敷に改修を重ねた重厚なタブラオ
パラウ・ダルマセス
Palau Dalmases
ボルン地区 **MAP** 付録P.15 D-3

ゴシック様式の建物が並ぶ一帯で、一杯傾けながらフラメンコを体験できる。17世紀の建築物を改修した建物は、古い部分も多く残り、その空間を見るだけでも訪れる価値あり。食事はない。

☎93-3100673 交 4号線JaumeⅠジャウマ・プリメール駅から徒歩4分 所 C. Montcada 20 営 11:30〜翌1:30 3〜11月とクリスマス期間は18:00、19:00、21:30の3ステージ 休 無休 料 ショー+ドリンク€30

↑教会を彷彿させる大きな木製の扉

→まるで魔法がかけられたような空間で、フラメンコに魅了される

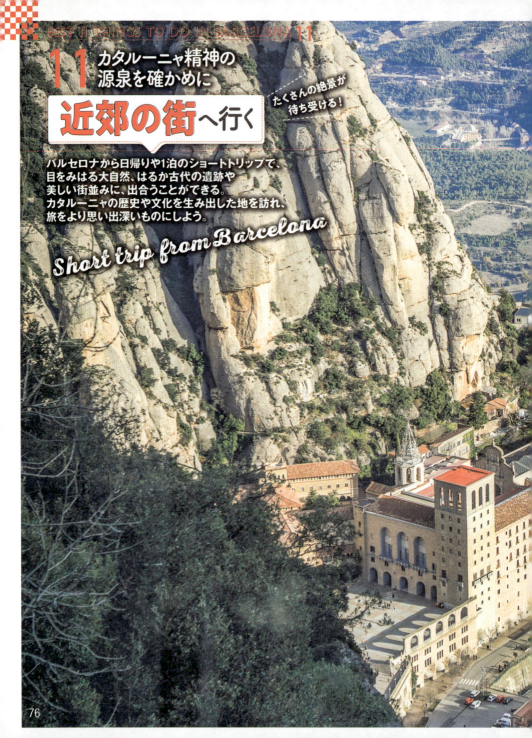

11 カタルーニャ精神の源泉を確かめに
近郊の街へ行く

たくさんの絶景が待ち受ける!

バルセロナから日帰りや1泊のショートトリップで、目をみはる大自然、はるか古代の遺跡や美しい街並みに、出合うことができる。カタルーニャの歴史や文化を生み出した地を訪れ、旅をより思い出深いものにしよう。

Short trip from Barcelona

息をのむ圧倒的景観!!
自然が生んだ奇跡の地
モンセラット

バルセロナから北西へ約60km、田園地帯に突如姿を表す奇岩の山に抱かれた修道院は黒いマリア像が守るカタルーニャの聖地。

MAP 付録P3 D-3

Montserrat

バルセロナから🚉で約1時間

ガウディがインスピレーションを得た景観と信仰の歴史が人々をひきつける山を歩く

この驚異的な自然環境のなかに最初の教会が設立されたのは9世紀。その神秘的なたたずまいからか、古くからカタルーニャの宗教的中心となっていた。11世紀にベネディクト派の修道院が創建されて以来、今もベネディクト派の修道士たちが修道院を守っている。

12世紀になって1人の羊飼いが洞窟で発見した「黒いマリア像」が人々の信仰心をかりたてて、各地から巡礼者が訪れるようになった。黒いマリア像を祀るために聖堂が建てられ、ナポレオン軍がこの地に侵攻してきたときも、マリア像は地元の人たちが隠して守った。過去においてカタルーニャ語が禁圧されたときも、ここだけはカタルーニャ語で祭儀が執り行われた。

まさにモンセラットはカタルーニャ人の聖地といえる。またワーグナーがオペラ『パルジファル』で舞台背景に用いたり、ガウディがサグラダ・ファミリア聖堂の発想を得たというこの地の景観は、世界中から観光客を呼び寄せている。

ロープウェイと登山電車、どちらを使う？

奇岩がそそり立つ断崖に抱かれるようにひっそり立つ修道院

アクセス

エスパーニャEspaña駅からカタルーニャ鉄道のR5線でアエリ・デ・モンセラットAeri de Montserrat駅もしくはモニストロ・デ・モンセラットMonistrol de Montserrat駅へ。所要約1時間、1時間おきに運行。そこから山頂駅にはアエリ・デ・モンセラット駅からロープウェイに乗り換えて約5分。モニストロ・デ・モンセラット駅からは、登山電車で約20分。いずれもR5号線と通しで往復切符を買うと割引がある。ただし往復をロープウェイ、登山電車と変える場合、往復切符は使えない。

バルセロナでぜったいしたい11のコト

11 近郊の街へ行く モンセラット

BEST 11 THINGS TO DO IN BARCELONA 11

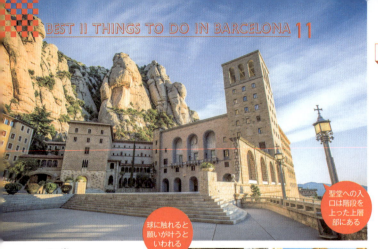

聖堂への入口は階段を上った上層部にある

球に触れると願いが叶うといわれる

聖堂
Basilica de Montserrat
MAP P.77

大聖堂の黒いマリア像に願いを託す

黒いマリア像を祀るために、修道院に併設して造営された聖堂。奥に安置されたマリア像を参拝するために世界中から人が訪れる。

☎93-8777701(観光案内所) 🚋登山電車の駅から徒歩5分 🏠Monestir de Montserrat ⏰7:30〜20:00 🚫無休 💴無料
🌐https://www.montserratvisita.com

↑回廊に囲まれた中庭の奥に聖堂がある

←黒いマリア像は12世紀作の木製像。右手に宇宙を表すといわれる球を持ち幼いキリストを膝に抱いている

マリア像と合唱隊

黒いマリア像の入口は礼拝堂とは別。見られるのは8:00〜10:30と12:00〜18:15で、多くの人が行列を作るので、朝早くか夕方が狙い目。少年合唱隊・エスコラニアは月〜木曜は13:00、18:45の2回、金曜は13:00のみ、日曜は12:00、18:45の2回で、木曜は休み。こちらも多くの人が集まるので、前のほうで見たければ30分前には礼拝堂にたどり着くようにしよう。休みや時間変更は多いので、到着後、観光案内所で尋ねるか、HPで確認しておこう。

↑厳かな空気がみなぎる礼拝堂では1日に数回ミサが行われる。エスコラニアはミサのあとに歌う

街歩きアドバイス

登山電車の駅前にみやげ物店やカフェ、レストランが並ぶ。聖堂や美術館へは階段を上って右に行く。みんながお目当てにする黒いマリア像には長い行列ができるので、予定はマリア像を中心に立てよう。時間が合えばヨーロッパ最古の少年聖歌隊の歌を聴いておきたい。サン・ジョアンの展望台、サンタ・コバの洞窟へも行きたい。観光案内所では、オーディオガイド(日本語あり)€16も借りられる。保証金として€50必要。

↑みやげ物店も充実

観光案内所
MAP P.78
☎93-8777701 🚋登山鉄道駅からすぐ ⏰9:00〜17:45(土・日曜は〜19:00) 🚫無休

モンセラット美術館
Museu de Montserrat
MAP P.77

幅広い年代とジャンルのコレクションを誇る

カタルーニャが生んだ巨匠、ピカソ、ミロ、ダリのほか、カラバッジョやモネなど、大家の絵が一堂に集まる。駅を降りて大聖堂の手前にあるので帰りにゆっくりと寄ることができる。

☎93-8777727 🚋登山電車の駅から徒歩5分 🏠Monestir de Montserrat ⏰10:00〜17:45(夏期と冬期の土・日曜は〜18:45) 🚫無休 💴€8

↑カタルーニャの画家ラモン・カザス『マドレーヌ』

78

奇岩が連なる山容はどこか神々しい
絶景の展望台と神秘の洞窟

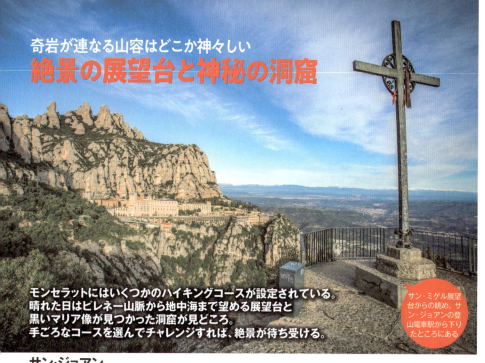

モンセラットにはいくつかのハイキングコースが設定されている。晴れた日はピレネー山脈から地中海まで望める展望台と黒いマリア像が見つかった洞窟が見どころ。手ごろなコースを選んでチャレンジすれば、絶景が待ち受ける。

サン・ミゲル展望台からの眺め。サン・ジョアンの登山電車駅から下りたところにある

バルセロナでぜったいしたい11のコト　11 近郊の街へ行く　モンセラット

サン・ジョアン
Sant Joan
MAP P.77

大パノラマが広がる展望台へは登山電車で

山頂へと向かうのが、サン・ジョアン行きの登山電車。サン・ジョアン礼拝堂から先は本格的なトレッキングになるので、礼拝堂で引き返すか、駅から下ってサン・ミゲル展望台を目指すのがおすすめ。

開休料見学自由

サン・ジョアン礼拝堂は駅から20分ほどのハイキング。景色は見事

2本の登山鉄道
修道院からは2本の登山鉄道(Funicular)が利用できる。サン・ジョアン行きは片道€9.10、往復€14、10:00～18:50(季節により異なる)、12分間隔の運行。2020年1月現在、サンタ・コバ行きは休業中で、2020年春に再開予定。休業前は、片道€3.25、10:00～17:00(季節により異なる)の運行。共通チケットもある。

サンタ・コバ
Santa Cova
MAP P.77

羊飼いが起こした奇跡
黒いマリア像発見の洞窟

羊飼いが黒いマリア像を発見したという洞窟がサンタ・コバ教会となっている。教会までの道にはロザリオの秘跡を表す15のモニュメントがあり、なかにはガウディの作品もある。

サンタ・コバ教会 開10:30～17:15 11～3月11:30～16:15 休無休 料無料

↑奇岩がつくる光景に驚く。サンタ・コバは修道院より低いところにあり、片道40分ほど

ガウディ作の『第一秘跡「キリストの復活」』

BEST 11 THINGS TO DO IN BARCELONA 11

青い海と空が見守る
ローマ帝国の夢の跡
タラゴナ

Tarragona

コスタ・ドラダ(黄金海岸)のなかほどに位置する
タラゴナは、ローマ帝国支配下で発展。
イベリア半島最大の古代都市として栄えた。

MAP 付録P2 C-3

バルセロナ
から🚆で
約50分～

「地中海のバルコニー」から
古代遺跡を巡る時空の旅へ

キラキラ輝く地中海と潮風を独り占めするような、鉄道駅近くの広場「地中海のバルコニー」に立つと、古代ローマ人がここにイベリア半島最大の街をつくった理由がわかってくるかのよう。紀元前218年、ローマ帝国はイベリア人からこの地を奪い、円形競技場や水道橋など高度な建築技術による巨大施設を建設。古代都市「タラコ」として、5世紀まで繁栄を謳歌した。世界遺産登録のその遺跡巡りが、タラゴナの旅のハイライトとなる。高台に立つカテドラル周辺の古い小路の散策、ランブラ・ノバでのカフェタイムも楽しいひとときに。

古い石畳が続く旧市街を気ままに散策したい

ラス・ファレラス水道橋
L'Aqüeducte de les Ferreres

MAP 付録P3 C-3

緑の山中に突如出現する
ローマ時代の巨大水道橋跡

郊外のガイア川から街に水を引くため、2世紀ごろに建造。高さ26mの2層アーチ構造で、往時の全長は35km。異民族の侵略で大部分が崩壊し、現在は全長217mだが、その偉容は見る者を圧倒する。

☎977-261087 ❖中心部から5番または85番のバスでPont del Diableポント・デル・ディアブレまで6分 ❖N-240沿い ❖見学自由 ❖http://www.pontdeldiabletarragona.com

↑橋上の水路跡は歩いて渡れる

古代ローマの建築技術を駆使し、驚異的な短期間で完成したため、「悪魔の橋」と呼ばれる

↑往時の収容人数は1万4000人と大規模なスケールだった

ローマ円形競技場
Amfiteatre Romà
MAP P.80

地中海を一望する高台に残るタラゴナ版コロッセオ

剣闘士の死闘を見世物とする娯楽場として1〜2世紀に建造。3世紀には異教であったキリスト教徒の処刑場となり、中世には中央に教会が建つなど、数奇な歴史の舞台となった。

☎977-242579 ✉Tarragonaタラゴナ駅から徒歩10分 ⌂Parc de l'Amfiteatre romà ⏰冬期9:00(土・日曜9:30)〜19:00(土曜は〜18:30 日曜は〜14:30) 夏期9:00〜21:00(日・月曜は〜15:00) 休月曜(6/3〜8/26は開館) 料競技場上部は無料、競技場やスタンドは閉鎖中

エリアガイド

街歩きアドバイス
鉄道駅から街のビュースポット「地中海のバルコニー」へ向かい、海の絶景を眺めたら、円形競技場と旧市街を散策。郊外の水道橋は本数が多い路線バスで気軽にアクセスできる。

観光案内所
☎977-250795 ✉Tarragonaタラゴナ駅から徒歩15分 ⌂C. Major 37 ⏰10:00〜14:00、15:00〜18:00(土曜は〜17:00) 休日曜・祝日の午後 ※季節により変動あり

アクセスと交通
バルセロナのサンツ駅から、特急列車または快速でタラゴナ駅まで約50分〜1時間20分。市内は水道橋を除くと、ほぼすべてのスポットが徒歩圏内だ。

古代ローマにタイムトリップ！

ローマ帝国の支配下にあった紀元前3世紀〜5世紀に、タラゴナはイベリア半島最大の都市として繁栄。その史跡が「タラゴナの遺跡群」として世界遺産に登録されている。

考古学の道
Passeig Arqueològic
MAP P.80

←旧市街を囲むローマ時代の城壁に沿って整備された、全長約500mの遊歩道。古代ロマンを感じる散策を楽しめる

公共広場
Fòrum de la Colònia
MAP P.80

→ローマ帝国時代の政治と宗教の中心地。長方形の広場に、古代の裁判所跡の身廊、神殿跡の一部などが残る

初期キリスト教徒の墓地
Necròpolis Paleocristians
MAP P.80

→3〜6世紀の多種多様な棺、地下墓地を見学できる。博物館もあり、石棺や埋葬品などを展示

カテドラル
Catedral de Tarragona
MAP P.80

街の守護聖人サンタ・テクラを祀る丸窓が美しい大聖堂

古代のゼウス神殿跡を利用して12〜15世紀に建造され、ロマネスクとゴシックの2つの様式が混交。精緻なアーチが美しい回廊、後陣のサンタ・テクラの祭壇屏に心を奪われる。

☎977-226935 ✉Tarragonaタラゴナ駅から徒歩20分 ⌂Pla de la Seu ⏰10:00〜19:00(季節や行事により変動あり) 休日曜、祝日 料€5
🌐https://www.catedraldetarragona.com

←旧市街の高台にたたずみ、異なる建築様式が融合した威風堂々とした姿を見せる

考古学博物館
Museu Nacional Arqueològic de Tarragona
MAP P.80

古代都市時代の栄華を物語る貴重なコレクションが多数

ローマ帝国の都市タラコとして繁栄した紀元前3〜4世紀ごろの遺物が一堂に会する。神殿跡や公共広場から出土したモザイク画、彫刻、石碑が中心となり、見どころが多数。

↑モザイク画『メドゥーサの首』は必見

☎977-251515 ✉Tarragonaタラゴナ駅から徒歩15分 ⌂Av. De Ramón y Cajal ⏰8:00〜15:00 冬期8:00〜15:00、火曜は16:00〜18:30もあり 休土・日曜 料初期キリスト教徒の墓地との共通券€4など 🌐https://www.mnat.cat

11 近郊の街へ行く タラゴナ

バルセロナでぜったいしたい11のコト

BEST 11 THINGS TO DO IN BARCELONA

美しい川沿いの古都 中世のラビリンスへ
ジローナ

バルセロナから🚆で約40分

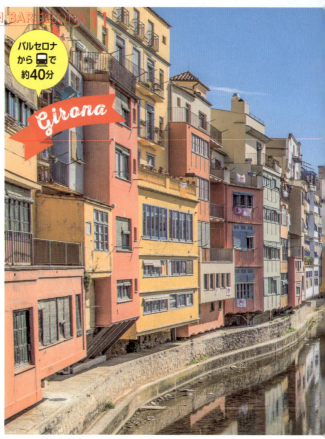

Girona

バルセロナからの日帰り旅が人気のジローナには多様な民族が興亡した2000年の歴史が堆積。時をワープする旅を楽しめる。

MAP 付録P3 E-2

ロマネスクの最高傑作にふれ 迷路のような旧ユダヤ人街へ

　ゆるやかに流れるオニャール川沿いに街が開け、徒歩でまわれるこぢんまりした旧市街に古代から現在までの歴史と文化が凝縮。ローマ・ロマネスク・ゴシック・バロックなどのヨーロッパ文化、イスラム、ユダヤの文化が混交した街並みと名所を巡る旅は、時をワープするような幻感に誘う。旅人の多くが目的とする、カタルーニャ・ロマネスクの最高傑作『天地創造のタペストリー』は、高台に立つカテドラルの宝物館で待つ。中世の石畳の小路が続く旧ユダヤ人街を散策後は、川近くのR・リベルタット通りのカフェでゆったり憩うのが素敵。

旧市街のフォルサ通り周辺が旧ユダヤ人街のアル・カイ地区

カテドラル
Catedral de Girona

MAP P.83

旧約聖書の一場面を描いた 中世のタペストリーが必見

旧市街の高台に立つカテドラル。11世紀に創建、18世紀完成のため、ロマネスク、ゴシック、バロック様式が混在。宝物館にある12世紀の『天地創造のタペストリー』は息をのむ素晴らしさだ。

☎972-427189 ⊗Gironaジローナ駅から徒歩17分 ㊤Plaça Catedral, s/n ⏰10:00～18:30(7・8月は～19:30、11～3月は～17:30) 休無休 ¥€7 http://www.catedraldegirona.cat
⬇外観はバロック、堂内はゴシック様式

旧ユダヤ人居住区
El Call

MAP P.83

中世の面影が色濃く残る かつてのユダヤ人街を散策

大聖堂の南側のエリア、アル・カイは9～15世紀にユダヤ人が暮らした一画。迷路のような中世の石畳が続き、旧住居を利用したユダヤ歴史博物館などで往時の歴史にふれられる。

⊗Gironaジローナ駅から徒歩15分
⬇タイムトリップしたような小路が続く

旧市街の真ん中を流れるオニャール川沿いにはカラフルな外壁の家が立ち並ぶ

エリアガイド

街歩きアドバイス

オニャール川の東に広がる城壁に囲まれた旧市街に見どころが集中。まずは高台の大聖堂を見学し、中世に迷い込んだかのような旧ユダヤ人居住区やアラブ浴場を散策したい。川沿いの家並みも風情がある。

観光案内所

☎972-010001 ✉Gironaジローナ駅から徒歩11分
所Rambla de la Llibertat 1
開9:00〜20:00(日曜は〜14:00、土曜14:00〜16:00閉館、11〜3月は〜19:00、土曜14:00〜15:00閉館)
休無休 HPhttp://www.girona.cat/turisme

アクセスと交通

バルセロナのサンツ駅から高速鉄道のAVEまたはAVANTで約40分。バルセロナの北バスターミナル発着のバスも運行しており、所要約1時間30分。

バルセロナでぜったいしたい11のコト

11 近郊の街へ行く ジローナ

アラブ浴場
Banys Àrabs
MAP P.83

奇跡の保存状態を誇る
中世のエキゾチックな浴場跡

12世紀にイスラムの影響が濃いロマネスク様式で建造され、15世紀まで公衆浴場として使われた。その後、修道院の施設となり、19世紀に修復。微温浴室・高温浴室などが残る。
☎972-190969 ✉Gironaジローナ駅から徒歩18分
所C. Ferran el Catòlic, s/n 開10:00〜19:00(11〜2月は〜18:00、日曜・祝日は〜14:00) 休無休
料€2 HPhttps://www.banysarabs.cat
細い円柱で囲まれた浴槽が幻想的な雰囲気を醸す

83

ガウディの最高傑作が立つ
スペイン初の工業コロニー
コロニア・グエル

19世紀末、実業家グエルはこの地に
職住が隣接する新しい町を建設。
ガウディとその弟子たちがその設計を担った。

MAP 付録P3 D-3

Colònia Güell

バルセロナ
から🚃で
約20分

教会堂内の椅子、蝶模様のステンドグラスもガウディがデザインしたものだ

偉才ガウディの自由闊達な設計に
圧倒される"天井のない博物館"

バルセロナの西約20km、サンタ・コロマ・ダ・サンバリョ市の一画にスペイン初の工業コロニー(コロニア)がある。建設を計画したのは、ガウディのパトロンであり、繊維業で財を成した実業家グエル。19世紀末に繊維工場を移すにあたり、職場・住宅・学校・教会が近接する町づくりを構想した。設計にはガウディと弟子たちが携わり、当時そのままの建物と街並みが残る。

アクセスと交通

バルセロナのスペイン広場から、FGC(カタルーニャ鉄道)のS4・8・33のいずれかでコロニア・グエル駅下車。各々約20分。到着したらまずインフォメーション・センターに行き、チケットを購入すること。

コロニア・グエル教会
Cripta de la Colònia Güell

MAP P.84

ヤシの木型アーチが圧巻
ガウディ建築の最高傑作

1898年、ガウディは設計に着手。傾斜をつけた壁と柱の構造を実現するため、逆さ吊り模型の実験に10年をかけ、半地階を完成。当初計画された上階は未完成となり、半地階に教会が設けられた。

☎936-305807 ✈FGC・Colonia Güellコロニア・グエル駅から徒歩7分 C. Claudi Güell s/n 🕐10:00～19:00(11～4月は～17:00、土・日曜、祝日は～15:00) 🚫無休 💴€8.50(コロニア・グエル自体への入場を含む)、オーディオガイド付(日本語あり)€9.50
🌐gaudicoloniaguell.org

⬆構造、資材、デザインのすべてにガウディの自然賛美が息づく

⬆細部にまで意匠が凝らされる

⬇「アントニ・ガウディの作品群」のひとつとして世界遺産に登録

芸術家たちが集った コスタ・ドラダの宝石
シッチェス

地中海に沿って続くコスタ・ドラダ屈指の美しさを称えられるリゾート地。19世紀末から20世紀初頭はカタルーニャ文芸復興運動を担う場となった。

MAP 付録P3 D-3

バルセロナから日帰りで訪れても、十分楽しめる!

バルセロナから🚉で約30分

バルセロナでぜったいしたい11のコト

11 近郊の街へ行く　コロニア・グエル/シッチェス

瀟洒な館の美術館を巡り海岸通りで海の幸を満喫

かつては小さな村だったが、19世紀末に画家ルシニョールが移り住み、芸術家が集う街として発展。ビーチの美しさも名高く、夏は人気リゾート地に。海岸通りには魚介料理店が並ぶ。

アクセスと交通

バルセロナのサンツ、フランサ、パセジ・ダ・グラシア各駅から、Renfe近郊線R2-Sのサン・ヴィンセンス・ダ・カルダールス行きに乗り、約30分。シッチェス内は徒歩でまわれる。

マリセル美術館
Museu de Maricel
MAP P.85

海沿いの豪華な館で貴重な美術品を鑑賞

アメリカの美術収集家ディーリングが20世紀初頭、古い建物を買い取り贅を凝らした館に改築。現在は美術館となり、ロマネスクやゴシック期の宗教芸術や工芸品などを展示。

☎93-8940364 Sitgesシッチェス駅から徒歩8分 C. Fonollar s/n 10:00〜19:00(7〜9月は〜20:00、11〜2月は〜17:00) 月曜、祝日 €10(カウ・フェラット美術館との共通券) museusdesitges.cat

カウ・フェラット美術館
Museu del Cau Ferrat
MAP P.85

ポスト印象派の画家のアトリエが瀟洒な美術館に

ポスト印象派の画家ルシニョールの元アトリエを利用した美術館。画家自身の作品に加え、エル・グレコやピカソなどの作品を間近にできる。

☎93-8940364 Sitgesシッチェス駅から徒歩8分 C. Fonollar s/n 10:00〜19:00(7〜9月は〜20:00、11〜2月は〜17:00) 月曜、祝日 €10(マリセル美術館との共通券) museusdesitges.cat

海岸通りにはリゾート地らしい白亜の館が並ぶ

BEST 11 THINGS TO DO IN BARCELONA 11

Isla de Mallorca

輝く海と太陽、王国時代の歴史が
旅人を迎える"地中海の楽園"

マヨルカ島

バルセロナから足をのばしたいのが、西地中海に浮かぶ
バレアレス諸島。その最大の島、マヨルカ島は
自然と歴史の両方を満喫できる世界屈指のリゾートだ。

MAP 付録P.3 F-4

島北西部のソーイェルには奇跡のように美しいビーチが広がる

マヨルカ王国の栄華にふれ
ビーチリゾートを大満喫

マヨルカ島は地中海の要衝として古代から栄えた地。紀元前8世紀のフェニキア人の植民から始まり、ローマ、ヴァンダル、イスラムなどの支配が交錯。1229年にアラゴン王国のハイメ1世がレコンキスタを成し遂げ、イスラム支配に終止符を打った。以後、島はマヨルカ王国として繁栄。中心都市パルマ・デ・マヨルカに残る歴史的建造物は王国時代の13～18世紀のものだ。島各所に点在するビーチリゾート、世界遺産登録のトラムンタナ山脈、内陸部の小さな村への旅も至福の体験となる。

アクセス

バルセロナから

●飛行機
約50分。飛行機はマヨルカ島第一の街、パルマ・デ・マヨルカ郊外のパルマ・デ・マヨルカ空港に到着。空港と市内はバスが結び、所要15～20分。

●高速船・フェリー
高速船で約2時間～2時間半、フェリーで約6時間半～8時間半。船はパルマ湾内の乗り場に着く。海からパルマ・デ・マヨルカの玄関口を望むアクセスもドラマチック。

バルセロナでぜったいしたい11のコト

11 近郊の街へ行く　マヨルカ島

©iStock.com/pixelliebe

BEST 11 THINGS TO DO IN BARCELONA 11

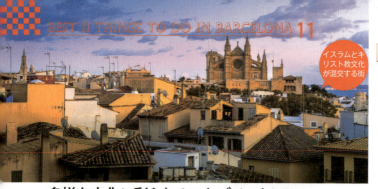

イスラムとキリスト教文化が混交する街

街歩きアドバイス
空港からのバスの発着点、スペイン広場南の旧市街に見どころが集中。四方1.5km強のエリアなので、徒歩での散策が楽しい。まずは、パルマ湾近くにそびえる街のシンボルの大聖堂と宮殿に向かい、王国時代の栄華を間近に。その後はマジョール広場周辺の路地巡りを。郊外のベルベル城、ミロ美術館も必見スポットだ。

多様な文化に彩られるエキゾチックシティ
パルマ・デ・マヨルカの街を散策

島最大の街はパルマ湾沿いのパルマ・デ・マヨルカ。イスラムの支配後、マヨルカ王国の中心として栄えた華やぎが今も薫る。

荘厳なゴシック様式のカテドラル
カテドラル
Catedral de Mallorca
`MAP P.88`

↑紺碧のパルマ湾を見下ろすようにそびえる街のシンボル

マヨルカ王国を建国したハイメ1世の命により建造。1230年着手、1601年竣工のため、カタルーニャ・ゴシック様式の変遷と完成形が集約する。中央祭壇の鉄製天蓋飾りは、20世紀初頭の修復時にガウディが手がけたものだ。

☎971-713133 ✈スペイン広場から徒歩14分 ㊊Plaça de la Almoina s/n ⏰10:00〜17:15(6〜9月は〜18:15、11〜3月は〜15:15、土曜は〜14:15) 休日曜、祝日 料€8
🌐https://catedraldemallorca.org

マヨルカ王国の繁栄をとどめる
アルムダイナ宮殿
L'Almudaina
`MAP P.88`

10世紀建造のイスラム王国の城を、13世紀にマヨルカ王の居城として改修。イスラムの建築様式とゴシック様式が混交した空間に往時の栄華が薫る。王の居室や礼拝堂が見どころ。

☎971-214134 ✈スペイン広場から徒歩14分 ㊊C. Palau Reial s/n ⏰10:00〜20:00(10〜3月は〜18:00) 休月曜 料€7 🌐https://www.patrimonionacional.es

→現スペイン王家の離宮で、国王が滞在することも

イスラム王国時代の貴重な遺跡
回教徒浴場
Banys Àrabs
`MAP P.88`

10世紀ごろ建造のアラブ式サウナ風呂跡。光穴を配した半円形クーポラと12本の細い柱が残り、幻想的な雰囲気だ。往時は床の2層構造を利用したスチームサウナだったとされる。

☎637-046534 ✈スペイン広場から徒歩15分 ㊊C. Can Serra 7 ⏰9:00〜19:30(12〜4月は〜18:00) 休無休 料€2.50

↑旧市街の迷路が続く一画にたたずみ、趣のある庭も見学できる

88

↑城内に歴史博物館を併設する

海と市街を望む円形の城
ベルベル城
Castell de Bellver
MAP P88

マヨルカ王家の夏の離宮として、14世紀に完成。円形の中庭があり、城自体も円形という珍しい構造。パルマ湾の眺めが素晴らしい。

☎971-735065 ✈スペイン広場などからバス4番でPlaça Gomilaプラサ・ゴミラ下車、徒歩15分 ㊐C. Camilo José Cela s/n ⌚10:00〜19:00(土・日曜、祝日は〜15:00、10〜3月は〜18:00) ✖月曜 ¥€4
🌐https://castelldebellver.palma.cat

ミロの後半生の作品が集う
ミロ美術館
Fundació Miró Mallorca
MAP P88

↑ミロが感じた光と風のなか、貴重なコレクションを鑑賞できる

1956年、ミロは母の故郷マヨルカに居を移し、1983年に島で亡くなった。元アトリエの隣にある美術館に、画家がここで制作した絵画や版画などを展示。眺めのいいテラスもある。

☎971-701420 ✈スペイン広場などからバス46番でFundació Pilar i Joan Miró美術館前下車 ㊐C. Saridakis 29 ⌚10:00〜19:00(日曜、祝日は〜15:00、冬期は〜18:00) ✖月曜 ¥€9
🌐https://miromallorca.com

古代から近代の島の歴史を展示
マヨルカ博物館
Museo de Mallorca
MAP P88

旧市街に立つバロック様式の美しい館を利用。地中海交易の要衝として栄えた歴史を考古学遺跡からの出土品、各時代の工芸品などを通して解説。展示室の静謐な空間も心地良い。かつてのユダヤ人街にあり、周辺の散策を兼ねて訪れるといい。

☎971-177838 ✈Ⓜスペイン広場から徒歩14分 ㊐C. la Portella 5 ⌚10:00〜18:00(土・日曜は〜14:00) ✖月曜、祝日 ¥€2.40 🌐http://www.caib.es

マヨルカ島のビーチで地中海を満喫

パルマから路線バスで行けるビーチをご紹介。美しい白砂が続く遠浅のビーチが多く、ターコイズブルーの穏やかな海で各種マリンスポーツを楽しめる。

パルマ海岸
Platja de Palma　**MAP** P87

→島最大のリゾート地。5km以上の海岸線に白砂のビーチが続き、大型ホテルやレストランが点在

イリェタス海岸
Platja Illetes　**MAP** P87

→小さな入り江に囲まれ、キラキラ輝く海が印象的。のんびりくつろぐのに格好のリゾートホテルもある

カラ・マジョール
Cala Major　**MAP** P88

←パルマから気軽に行け、地元っ子も多いビーチ。ホテルやコンドミニアムが建ち並ぶ

島をぐるりと散策

パルマを離れた各所にも魅力的な景観やスポットが点在!

ドラック洞窟
Cuevas del Drach
MAP P87

19世紀末に発見された島最大の鍾乳洞。世界最大級の地底湖が圧巻だ。

✈パルマ・デ・マヨルカから車で1時間 ⌚10:00〜17:00、1時間ごとの入場 冬期は10:30〜15:30に1時間30分ごとの入場 ✖無休 ¥€16

↓見学コースは所要1時間

ソーイェル
Sóller
MAP P87

トラムンタナ山脈の谷間の町。文化的景観が世界遺産に登録されている。

✈パルマ・デ・マヨルカから車で40分

↑パルマからの観光列車がある

バルデモサ
Valldemossa
MAP P87

島北西部の山あいの小さな村。ショパンとサンドの愛の逃避行の場となった。

✈パルマ・デ・マヨルカから車で30分

↑2人が暮らした僧房が残る

> バルセロナでぜったいしたい11のコト
> 11 近郊の街へ行く マヨルカ島

BEST 11 THINGS TO DO IN BARCELONA **11**

Isla de Ibiza

世界遺産とクラブ文化に彩られる地中海リゾート
イビサ島

バレアレス諸島で3番目に大きく、「イビサ、生物多様性と文化」として世界遺産に登録。世界屈指のクラブ文化も息づく。

MAP 付録P3 F-4

> 太古からの豊かな自然、ヨーロッパ最先端のクラブシーンの両方を満喫できる!

アクセスと交通
- ●飛行機
  バルセロナから約50分、マヨルカ島から約40分
- ●高速船
  バルセロナから約2時間～2時間半
- 島内各地は路線バスが結ぶ

豊かな自然と白砂のビーチ クラブカルチャーが交錯する

青い海に囲まれた複雑な海岸線と内陸部の深い森、多様な生態系は、地中海の島々でも屈指。紀元前7世紀のフェニキア人来航時に街が築かれ、ローマやイスラムなどの支配を経て、18世紀にスペイン王国領となった。1960～70年代はヒッピー文化のメッカとなり、1980年代には島独自のバレアリック音楽がイギリスの若者の心をつかみ、クラブ文化の中心地として発展。自然と歴史、ビーチリゾート、多彩なクラブシーンに浸るバカンスを満喫できる。

サン・アントニ
Sant Antoni de Portmany
MAP P.90

島随一のサンセットポイント
夜はクラブが盛り上がる

夕日のビューポイントとして名高い、島第2の街。"チルアウト音楽の聖地"とされるカフェ・デル・マールなど、世界のクラブシーンを彩るDJバーが点在し、夜は熱狂的に盛り上がる。

↔イビサ・タウンから車で30分

↑サンセットクルーズ・ツアーも多数。海上から眺める夕日は圧巻

白砂が美しいイビサ島のビーチへ

島の周囲には個性豊かなリゾートが点在。路線バスでアクセスできるビーチも多く、地中海リゾートの醍醐味を気軽に満喫できる。

カラ・コンテ
Cala Comte
MAP P.90

→ビーチ前の小島が独特の景観をつくり出す。海の家サンセット・アシュラムは夕日の絶景スポット

カラ・タリーダ
Cala Tarida
MAP P.90

→コンドミニアムが多く、家族連れに人気。遠浅の海に浮かぶ岩場で、ひと味違う海水浴を楽しめる

プラヤ・デン・ボッサ
Platja d'en Bossa MAP P.90

↓約3kmにわたり白砂のビーチが続く、島最大のリゾート。ボラボラなどの人気レストランも多数

セ・サリナス
Platja de ses Salines MAP P.90

↓イビサ随一の美しさを称えられるビーチ。浜辺と周囲の緑地が一体化した自然のなかで憩える

進取の精神に富んだ街は食都としても進化
グルメ
Unforgettable Lunch and Dinner

ヨーロッパ有数の美食の都

海辺のレストランへ行ってみたい。
比較的新しい店が多く、
新鮮な魚介の味を生かした皿がいい。
ピカソやダリも通ったというような
路地裏の店にも行ってみたい。
しっかり調理した、昔ながらの
郷土料理の皿が素晴らしくいい。
カタルーニャはスペインでも美食のエリア。
バルセロナは、食もまた進取の精神に支えられ、
多種多彩な皿にあふれている。

Contents

伝説のレストラン
エル・ブジ の精神を
受け継ぐ3店 ▶P94

独創と伝統の饗宴、
ガストロノミー 5店 ▶P96

カタルーニャ料理 の老舗
4店 ▶P98

スペイン料理の決定版
パエーリャ 4店 ▶P100

獲れたて新鮮な
シーフード が自慢の4店 ▶P102

絶対に行きたい
スイーツ 5店 ▶P104

おいしい **チュロス** が
食べられる4店 ▶P106

愛されこだわり
カフェ 5店 ▶P108

人気店が一堂に会する
巨大フードコート ▶P110

バルセロナの食事で気をつけよう 食べたいものを食べる!

世界中から人が集まるこの街は、各国料理、カタルーニャやバスクの地方料理など多様な料理が堪能できる。予約必須の人気店から気軽に立ち寄れるバルまで、チョイスの幅は広い。

出かける前に

どんな店を選ぶ?

美食の街バルセロナは、地中海の恵みをふんだんに使ったシーフード店、歴史ある老舗、ピカソら芸術家が愛した店など格式ある店が多い一方、進化系創作料理の店も増えた。立ち飲み感覚で寄ったバルで絶品の料理に出合えることも。選択肢が多いだけに迷うが、アクセスと予算に無理のない店を選ぼう。

バル .... Bar

バルはタパスなど簡単な料理を出す居酒屋的存在。ただ、夜だけの営業ではなく、朝に昼に1日5食ともいわれるスペイン庶民の胃袋を支える存在。立ち飲みから高級店まで業態もさまざまだが、どこも肩肘張らず気軽に料理やお酒が楽しめるのは共通点で、旅行者の強い味方だ。▶P60

レストラン .... Restaurant

レストランは現地語で「レスタウランテ」。入口のプレートに1～5本のフォークの数で政府観光局によるランク付けがされているが、これはあくまでも目安。地元の人でいっぱいの店は間違いない。価格表を店先に表示する規則があるので、これもレストラン選びの目安。

カフェ .... Café

菓子専門店やコーヒーにこだわりを持つ店など多彩。バルでもコーヒーは楽しめる。▶P62

市場 .... Mercat

たくさんの飲食店が並ぶサン・ジョセップ市場。素材の良さが際立つ料理が多い。▶P58

食事の時間に注意

スペインの食事時間は一般的に昼食が14時～、夕食は21時～と日本に比べて遅い。レストランの開店も13時～という店が多いので要注意。また、スペインにはシエスタ(午後休憩)の習慣があり、レストランでは15時30分～20時にシエスタをとることが多く、営業時間が日本と異なる店もある。

予約は必要?

高級レストランでは事前に予約しておいたほうが安全。言葉に自信がない場合は、ホテルのコンシェルジュに名前と人数、希望する日時を紙に書いて頼むとよい。近年はHPから予約できることも多い。バルは予約不可なことも多く、人気店には大行列ができる。

ドレスコードは?

スペインのドレスコードはあまり厳しくないが、ホテルのレストランや高級店では雰囲気に合わせて少しドレスアップしたい。スマートカジュアルならパンツスタイルもOK。

バルの楽しみ方

バルは食堂やカフェを兼ねた地元の社交場。朝7時～8時に開く店もあり、朝食に便利。ほとんどのバルが予約不可なので、人気店では行列ができる。どの店も席に案内するスタッフはいないので自分で好きな席に。

オーダーと支払いの仕方

オーダーの仕方やサービスは店によって違うが、周りの人を真似れば大丈夫。メニューがない場合はカウンターにあるタパスなどを指差して注文。支払いは、最後にまとめてする店とオーダーごとに払う店とさまざま。チップは基本的に不要。

バルグルメの定番はタパス

「タパス」は、揚げ物、和え物、サラダなどスペイン各地の名物料理、地元カタルーニャ料理が個別に盛られた大皿から小皿に取り分けるもの。最初から小皿に分けている店も。パンの上に具をのせて串にさした「ピンチョス」もバル特有のもの。飲み物は、セルベッサ(生ビール)、ビノ(ワイン)、シドラ(リンゴ酒)などがグラスでサービスされる。カフェ(コーヒー)はソロ(ブラック)からコン・レチェ(ミルク入り)までお好みで。

チップの支払い

チップの目安は?

チップの習慣はあるが義務ではない。目安は高級レストランでは支払いの5〜10%。カードの場合、チップは現金でも渡せるが、カードの支払いに足すこともできる。庶民的な店ではおつりの小銭程度でいい。チップは感謝の気持ちを表すものなので、サービスが悪かったときは不要。バルでは基本的には不要だが、サービスがよければ€1〜2を。

提示額	+5%	+10%
€20	€21	€22
€40	€42	€44
€60	€63	€66
€80	€84	€88
€100	€105	€110

現金で支払う

中国などではスマホ決済が進んでいるが、スペインでは現金かカードが一般的。勘定書に書かれた数字が読みにくいときは確認する。

クレジットカードで支払う

スキミングに注意。旅行に便利なカードだが、磁気情報を盗んでクローンカードを作って横領するスキミング犯罪が横行している。スキミング防止カードなどで事前に対応しておきたい。

お役立ち情報

メニューの組み立て方

前菜、メイン、デザートがコースの柱。メニューから選ぶのが難しいときは、セットメニューがおすすめ。ランチタイムには前菜・メイン・デザートがセットになった「Menu del Dia メヌ・デル・ディア（今日の定食）」がある。

組み合わせ方の例
- 前菜＋メイン＋デザート
- 前菜＋メイン
- メイン＋デザート

たばこは吸っていい?

スペインでは喫煙法によりレストランやバルの店内は全面禁煙。店外に喫煙スペースや灰皿が用意されている店が多いのでマナーを守りたい。

料理をシェアしたいときは?

ほとんどの店が対応してくれる。「小さいお皿をください」と手振りで示せば通じる。恥ずかしがらないで頼もう。

お持ち帰りはできる?

日本と同じで、衛生面から持ち帰りを断る店もあるが、気軽に応じてくれる店もある。食べきれないときは、ものは試しで聞いてみては。

知っておきたいテーブルマナー

スペインのお国柄か堅苦しいマナーはないが、気持ちよく食事するために気をつけたい。

ワインは自分で注がない

高級店では、ワインは店員に注いでもらうのがマナー。

落としたものは拾わない

ナイフやフォークなどを落とした場合はスタッフに言って新しいものを頼む。

皿は持ち上げない

日本人はついついしがちだけれど、スペインではマナー違反。

テーブル上の料理は食べきる

スペインでは食事はゆっくりするのが基本。テーブル上の皿が終わらないと次の皿が出ない。

会計はテーブルで

日本のようにレジで会計をするのではなく、スタッフを呼んで会計を頼み、テーブルの上でする。

チョピートス・フリートス　Chopitos fritos

ホタルイカに小麦粉をまぶして揚げたもの。プリプリとした食感がたまらない。ビールのおともにぴったり。

パエーリャ　Paella

お米とシーフードを煮込んだ鍋料理。もともとはバレンシアの地方料理だがバルセロナでも各店が味を競っている。

カタルーニャ伝統の料理を知る

パン・コン・トマテ　Pan con tomate

スペインのバゲットの上にオリーブオイルとペースト状のトマトを塗ったもの。食事の前菜にも、朝食にも人気、カタルーニャ料理の定番中の定番。

ナバハス・ア・ラ・プランチャ　Navajas a la plancha

マテ貝の鉄板焼。魚介の宝庫カタルーニャならではの新鮮なマテ貝の素材の味を生かした一品。

エスケイシャーダ　Esqueixada

タラとみじん切りしたトマト、ピーマン、玉ネギなどの野菜をビネガーとオリーブオイルで和えたサラダ。

GOURMET 01 SUCCESSOR OF EL BULLI

独創性に満ちた美食の世界が広がる

伝説のレストラン エル・ブジの精神を 受け継ぐ ❸ 店

エル・ブジとは？
分子ガストロノミーの第一人者、フェラン・アドリアがシェフを務め、「世界一予約が取れない」といわれていたレストラン。2011年に惜しまれながらも閉店したが、ここで紹介する店のほか、バル形式の「チケッツ(→P.62)」などでもその料理の一端を味わうことができる。

バルセロナ近郊の街ロザスで、その独創的な料理で訪れるものに驚きを与え続けていた伝説のレストラン「エル・ブジ」。その精神を受け継いだシェフたちが腕をふるうレストランへ。

唯一無二の不思議空間で舌鼓を
エニグマ
Enigma
ポブレ・セック　MAP付録P.8 C-1

アルベルト・アドリアが食と空間演出に心血を注ぐ、ミシュラン1ツ星レストラン。テーマごとにまったく異なる4つの空間を移動しながら料理を楽しむ。メニューは毎日変わり、所要時間は最低でも3.5時間。予約は2カ月前から受付。

☎616-696-322　交M1号線Rocafortロカフォルト駅から徒歩3分　所C. de Sepúlveda 38-40　時19:00〜21:00(土曜は13:00〜14:30もあり)　休日・月曜
HP https://elbarri.com/

1. 店内は「Ryokan(旅館)」、「Cava(洞窟)」、「Barra(板前)」、「Planxa(鉄板焼)」、「Dinner(正餐)」、「41°」の6つに分かれている。ドレスコードはスマートカジュアルだが、おしゃれ着なら普段着でも十分。男性はジャケット着用が好ましい

2. フェラン・アドリア氏の弟、アルベルト・アドリア氏(左)の指揮のもと、若きオリベル・ペーニャ氏(右)が腕をふるう　**3.** 本来はパン・コン・トマテで使うカリカリのパンのことを指す「Pan de Cristal」、ここでは透明なパンに(左)。トリュフをのせていただく。右は「鉄板焼」スペースの料理「Blini de Uni」

おすすめコース
おまかせコースのみ
LD €220+ドリンク €50
独創性に満ちた40皿近くの料理が提供される

94

エル・ブジ直系の前衛地中海料理
ディスフルタール
Disfrutar
アシャンブラ **MAP**付録P.6 A-4

「エル・ブジ」でシェフを務めた3人がチームを組んで開いたミシュラン2ツ星レストラン。居心地のよいモダンな空間で、丁寧なサービスが受けられる。陶器を自在に配した内装が斬新で、明るい白を基調としたサロンは漁師町を思わせる。テラス席もあり。

☎ 93-3486696 交 M 5号線Hospital Clinicオスピタル・クリニック駅から徒歩2分 所 C. de Villarroel 163 営 13:00～14:30、20:00～21:30 休 土・日曜
HP http://www.disfrutarbarcelona.com/

© Adrià Goula

© Joan Valera

© Francesc Guillamet

おすすめコース
グラン・クラシック L D €155
Gran Clàssic
定番となった料理を中心に楽しめる。約9種類のワインとのマリアージュは＋€65。ほかに品数の多いディスフルタール・クラシック€195や、新作が多めのグラン・フェスティバル€155もあり

1. 予約は180日前からで早めがおすすめだが、キャンセルが出ることもあるので連絡を 2.「中華パンのキャビア詰め」。揚げたパン生地にキャビアを詰めたシグネチャーディッシュ 3. レストランの共同経営者の3名。左からエドゥアルド・シャトルック氏、オリオール・カストロ氏、マテウ・カサーニャス氏

01
グルメ
エル・ブジの精神を受け継ぐ3店

良心的な料金で庶民の伝統を現代に復元
ボデーガ1900
Bodega 1900
ポブレ・セック **MAP**付録P.8 C-2

地元では誰でも知っている庶民の料理やおつまみを、アルベルト・アドリアが新たな視点で提供する居酒屋風レストラン。100年前の料理を復元するというのがコンセプト。シンプルなようで味わい深い逸品を、おいしいベルモットやカバとともに。

☎ 93-3252659 交 M 3号線Poble Secポブレ・セック駅から徒歩3分 所 C. de Tamarit 91 営 13:00～16:00、19:00～22:30 休 日・月曜

おすすめ料理
ピパラ唐辛子の汁添え液状オリーブ 1個€2
Oliva esférica con jugo de piparra
エル・ブジ名物の液状オリーブも楽しめる。噛めば口いっぱいにオリーブの香りが広がる

1. 1900の名のとおり、1900年代の食堂を復元した内装とプレゼンテーション。週末の予約は1～2週間前までに取るのがおすすめ 2. サンフィリッポのアンチョビ€3.20など、エル・ブジ系では非常に良心的な料金 3. チョリソとタラが入ったヒヨコ豆の煮物€12.80

GOURMET 02　GASTRONOMY

おしゃれしてバルセロナの極上ダイニングへ

独創と伝統の饗宴、ガストロノミー⑤店

スペイン料理に斬新なアレンジを加えたヌエバ・コシーナ(新スペイン料理)、長年愛され続けるカタルーニャ伝統の味。アートな街バルセロナで味わえる新旧の美食を召し上がれ。

舌だけでなく五感で楽しむ料理
シンク・センティッツ
Cinc Sentits

アシャンプラ MAP 付録P.8 C-1

店名は現地の言葉で「五感」。シェフのジョルディ・アルタル氏が地元の食材を生かして、カタルーニャの伝統料理をモダンな創作料理にアレンジ。季節によって替わるコースは、ライト・メニュー(8皿)€99など。

☎93-3239490 Ⓜ1号線 Rocafortロカフォルト駅から徒歩3分 Entença 60 13:30〜16:00、20:30〜24:00 日・月曜

予算 €99〜

Chef
ジョルディ・アルタル
カタルーニャ・カナディアンのシェフ。上質な食材で独創的な料理を生む。

→香り豊かなヒラタケに栗の実を添えて。スペインの秋の味覚が堪能できる(コース料理の一例)

←イカの切り身を黒にんにくで味付け。ジューシーなイカを繊細で美しく盛り付ける(コース料理の一例)

↑シンプルモダンで上品なムードが漂うエントランス

←ゆったりと配置されたテーブル席。居心地抜群な落ち着いた空間が広がる

創造性でグルメ界を牽引
ラサルテ
Lasarte

アシャンプラ MAP 付録P.12 C-2

ミシュラン3ツ星を持つ現代創作料理レストラン。コースメニュー、アラカルトといずれも独創的で、ワインリストも充実。同店のベラサテギ(ディレクター・シェフ)とカサグランデ(キッチン)の両シェフは、ホテル全体のグルメプロジェクトも監修。

☎93-4453242 Ⓜ3・5号線Diagonalディアゴナル駅から徒歩5分 Mallorca 259 13:30〜15:00、20:30〜22:00 日・月・火曜

予算 €230〜

↑明るく都会的な雰囲気のダイニング。キッチンを見下ろせる「シェフズテーブル」席もある

←花びらやハーブが入った野菜サラダ。レタスのクリームソースとロブスターを添えて(コース料理の一例)

←グリーンカルダモンとヨーグルトなどを使った球体の涼しげな夏のメニュー

ダリもお気に入りの老舗店
ビア・ベネト
Via Veneto

サン・ジェルバシ MAP付録P.6 A-2
50年以上の歴史を持ち、ミシュラン1ツ星を獲得した高級カタルーニャ料理レストラン。内装はとても優雅。画家のダリが芸術仲間らを伴ってたびたび訪れていたという。膨大なワインコレクションでも知られる。

☎93-2007244 Ⓜ3号線 Maria Cristinaマリア・クリスティーナ駅から徒歩15分 ⓐGanduxer 10 ⓔ13:00〜16:00、20:00〜23:45 土曜20:00〜23:45 ⓗ日曜

↑地元の高級赤身牛肉のルビア・ガジェガにフォアグラと季節のキノコ、パイ皮を添えて（コース料理の一例）

↑ダイニングのインテリアも料理と同様に独創的でモダンだ

素材重視の郷土料理
アルキミア
Alkimia

アシャンプラ MAP付録P.14 A-1
揺るがない品質と独創性で人気を集める創作カタルーニャ料理レストラン。2016年に移転し、バルセロナの地ビール、モーリッツ工場の1階にモダンな内装の新店舗を開いた。2004年からミシュラン1ツ星を獲得。

☎93-2076115 Ⓜ1・2号線Universitatウニベルシタト駅から徒歩5分 ⓐRonda Sant Antoni 41 ⓔ13:30〜15:30、20:00〜22:30 ⓗ土・日曜

予算 €80〜

↑アール・デコ調のクラシックで優雅な空気が漂うダイニング

予算 €75〜

↑野ウサギのロワイヤル。濃厚で芳醇なソースをたっぷりかけた、ジビエ料理（コース料理の一例）

グルメ

02 独創と伝統の饗宴、ガストロノミー5店

有名シェフの野心的料理
アバック
Àbac

サン・ジェルバシ MAP付録P.4 C-2
2018年版でミシュラン3ツ星を獲得した若手シェフのレストラン。伝統と前衛を自在に組み合わせ、一流素材を用いた料理はまさに芸術的。メニューは2種のコースのみ。街の中心から離れており、わざわざ訪ねる人が多い。

☎93-3196600 Ⓜ3号線Vallcarcaバイカルカ駅から徒歩12分 ⓐAv. Tibidabo 1 ⓔ13:30〜15:00、20:30〜22:00 ⓗ無休

Chef
ジョルディ・クル
かつてスペインで最年少でミシュランの星を獲得した経歴をもつ奇才。

予算 €195〜

↑美しい庭を眺めながらの食事。宿泊可能なオーベルジュ

↑フィゲラス産玉ネギと若鶏の卵のスープ。玉ネギをカップにしているので、容器ごと味わえる（コース料理の一例）

GOURMET 03 CATALAN CUISINE

美食の街で歴史を重ねる名店たち

カタルーニャ料理の老舗 4 店

海の幸、山の幸に恵まれたバルセロナでは、バラエティ豊かなカタルーニャ料理が育まれた。ローカルにも愛される老舗でその真髄を味わおう。

1. スペシャル魚介盛り合わせ €141.72
2. タラのオーブン焼き €23.32

炭火を使った伝統料理を堪能

ロス・カラコレス
Los Caracoles

ゴシック地区　MAP 付録P.14 B-3

1835年創業の老舗。田舎のレストラン風にキッチンを通り抜けて入るサロンは古い屋敷を思わせ、木の手すりや階段が懐かしさを呼び起こす。名物は店名にもなっているカタツムリ。そのほか、さまざまな地元料理が食べられる。

☎93-3012041 交 M 3号線Liceuリセウ駅から徒歩5分 所 C. Escudellers 14 営 13:00〜24:00 休無休

3. モザイクタイルが印象的な店内。ナプキンにはカタツムリが刺繍されている 4. インテリアからも歴史を感じる 5. 店の外側から鶏の丸焼きの様子が見える。ローストチキンも人気メニュー

市内最古のレストランのひとつ
カン・クジェレタス
Can Culleretes

ゴシック地区 MAP付録P.14 B-3

1786年開業の、市内で最も古いレストラン。伝統的な内装の店内で、カタルーニャ料理が食べられる。広いサロンの壁には古い絵画が飾られ、当時からの装飾品も置かれており、モデルニスモの時代を感じさせる。

☎93-3173022 ㊋3号線Liceuリセウ駅から徒歩1分 ㊐C. Quintana 5 ⏰13:30～15:45、20:00～22:45 ㊡日曜のディナー、月曜

1. 同店を訪れた著名人の写真が数多く飾られている 2. 地元客も多い人気店。特にランチコースが評価だ 3. 仔豚をローストしたレチョン・ア・ラ・カタルーニャ€17.50 4. 伝統スイーツのクレマ・カタラナ€4 5. カネロネス€8.50はパスタ生地で肉を巻いたカタルーニャ料理

03 カタルーニャ料理の老舗4店

グルメ

市場直送の新鮮素材にこだわる
カサ・ジョルディ
Casa Jordi

アシャンプラ MAP付録P.6 B-3

1968年に創業。近郊で採れる質の良い食材をサン・ジョセップ市場やニノット市場から仕入れ、伝統の味を作り出している。肉の炭火焼がおすすめ。料理の多くはハーフポーションで注文できるのもうれしいポイント。

☎93-2001118 ㊋5号線Hospital Clinicオスピタル・クリニック駅から徒歩12分 ㊐Passatge de Marimon 18 ⏰13:00～16:00、20:30～23:30 ㊡日曜のディナー

1. オックステールシチュー€16.40 2. 魚のスープ€9.40 3. カタルーニャの田舎の家を模した居心地の良い空間

洗練された伝統料理の数々
セニョール・パラリャーダ
Senyor Parellada

ボルン地区 MAP付録P.15 D-3

モダンなプチ・ホテルに併設されたレストランで、現代のエッセンスを取り入れた伝統料理が楽しめる。平日限定の日替わりコース€18が好評。ワインリストが充実しており、スペイン各地のワインが味わえる。

☎93-3105094 ㊋4号線Jaume Iジャウマ・プリメール駅から徒歩2分 ㊐C. Argenteria 37 ⏰13:00～16:00、20:00～23:30 ㊡無休

1. 平日ランチ限定の米料理が評判 2. スペシャリテの仔羊のロースト、にんにく添え€18.50 3. モダンな店内

99

GOURMET 04 PAELLA

海を見ながら魚介料理を楽しむ
チリンギート・エスクリバ
Xiringuito Escribà

ポブレ・ノウ **MAP**付録P.11 D-4

海辺の地中海料理レストラン。大きな窓は、夏場にはすべて開けて、店中がテラスのようになる。モダンな雰囲気で魚介を中心としたさまざまな料理が食べられる。タパスと米料理が有名で、デザートも充実している。
☎93-2210729 ❹4号線Ciutadella Vila Olímpicaシウタデリャ・ヴィラ・オリンピカ駅から徒歩18分
所C. Litoral 62 営12:00～22:30、休無休

↑「チリンギート」とはスペインの海の家。店内は開放感たっぷり

直火でしっかり焼き上げ名店のパエーリャを味わう

パエーリャ・エスクリバ
€21.50
オーブンを使わず直火だけで仕上げたパエーリャ。魚介をふんだんに

↑小イカとイベリコ・ハムに半熟卵を和えたウエボス・エストレリャドス€24(左)と地元定番スイーツのクレマ・カタラナ€8.50(右)

地中海の恵みをふんだんに
スペイン料理の決定版
パエーリャ ❹ 店

パエーリャはスペイン東部が発祥のお米料理。魚介や野菜のエキスが染み込んだご飯がたまらない。注文は2人前からが一般的。

街なかだけどリーズナブル
イカ墨料理も人気

シーフード・パエーリャ
€13.95
定番のイカ、エビ、アサリ、ムール貝が入っており、濃い目の味付け

↑イカ墨ご飯のアロス・ネグロ€12.65(上)とポテト料理のパタタス・ブラバス€4.95(中央)

↑↑ダイニングは2階席もあり、広くて入りやすい雰囲気。テラス席もおすすめ

レイアール広場の地中海料理レストラン
ラス・キンザ・ニッツ
Les Quinze Nits

ゴシック地区 **MAP**付録P.14 B-3

ランブラス通り沿いにあるレイアール広場の一画を占める。広場を見渡せる大きなテラス席があり、屋内の席でも大きな窓から広場とゴシック地区が見える。格安のコースメニューでも知られているが、アラカルトでいろいろ試すのがおすすめ。
☎93-3173075 ❹3号線Liecuリセウ駅から徒歩2分 所Plaça Reial 6 営9:00(食事12:00)～23:30(朝食・ブランチは～12:00) 休無休

グルメ

04 スペイン料理の決定版 パエーリャ4店

ローカルに人気の老舗の味を試してみる

パエーリャ
€16
毎日届けられる新鮮なシーフードを使用。魚介の旨みが濃厚

↑スペイン料理の定番、エビのアヒージョ(オイル煮)€20(左)。プルポ・ラ・ガジェゴ(ガリシア風タコ)€17(右)は、ゆでたタコとジャガイモにパプリカやオリーブオイルをかけた伝統料理

広いテラスで海を眺めながらのシーフード
カン・マジョ
Can Majó
バルセロネータ MAP付録P.9 F-4

バルセロネータ中心部のレストランの多い地区にある、1968年創業のレストラン。魚介米料理が専門で、新鮮なシーフードを用いて作りたての料理を提供する家族経営の店。上品な青い壁の内装とテラスの席がさわやか。

☎93-2215455 ❹4号線Barcelonetaバルセロネータ駅から徒歩11分 ㊐C. Almirall Aixada 23 ⓡ13:00〜15:45、20:00〜22:45 ㊡月曜

↑店から道を挟んだビーチサイドにテラス席もある。特にテラス席は人気なので予約を

↑お店の入口。寒い日は屋内席へ。店内にはたくさんの絵が飾られていておしゃれ

港のそぞろ歩きのあとに、テラスで地元の魚介料理

ラ・マル・サラダ
La Mar Salada
バルセロネータ MAP付録P.9 F-4

バルセロネータにあるパエーリャとシーフードの専門レストラン。新鮮な材料を用いて、特にカタルーニャ地方の魚介料理に力を入れる。海沿いのパセオ・ボルボ通りに位置し、大きなテラスがとても心地よい。

☎93-2211015 ❹4号線Barcelonetaバルセロネータ駅から徒歩9分 ㊐Passeig de Joan de Borbó 58-59 ⓡ13:00〜16:00、20:00〜23:00、土・日曜・祝日は通し営業 ㊡火曜

具材の新鮮魚介を生かした調理法で

シーフード・パエーリャ
€21
別に調理して、旨みをしっかり残した手長エビをトッピング

↑ゆったりした店内はモダンで快適。大きな窓を設けたリゾート感満点のダイニング

↑丸形コロッケのラ・ボンバ・バルセロネータ€3.20(左)とホワイトチョコレートのガナッシュプレート€6.80(右)。伝統料理だけでなくモダンな創作料理やスイーツも味わえる

101

GOURMET 05 SEAFOOD

海の恵みが詰まった一皿に舌鼓

獲れたて新鮮なシーフードが自慢の ❹ 店

港町でもあるバルセロナ。地中海などで獲れた上質なシーフードは、日本では珍しいものも。旨みが凝縮された一皿は思い出深い味になること間違いなし。

サン・ジョセップ市場内の有名店
キオスコ・ウニベルサル
Kiosko Universal

ランブラス通り MAP 付録P.14 B-2

1973年からサン・ジョセップ市場(→P.58)内で営業する店舗。魚介料理のほか、野菜やキノコ類も見逃せない。いつも人でいっぱいだが、ちょっと待っていると意外とさっと座れることも多い。シンプルだが味わい深いバーの料理の数々が味わえる。

☎93-3022803 ㊋3号線Liceuリセウ駅から徒歩1分 ㊑Rambla 91(サン・ジョセップ市場内) ⏰9:00～17:30 ㊡日曜

グリル魚介の盛り合わせ
Parrillada de mariscos
€30

テナガエビ、マテ貝、ムール貝など、豊富な種類のシーフードが楽しめる一皿。シンプルな味付けで素材の味を引き立てている

1. カウンター前のケースにはシーフードがずらり 2. 盛り合わせは贅沢な内容 3. ザンブリニャ貝のフォアグラ添え€18 4. アサリの鉄板焼き€12。濃厚な旨みが堪能できる

市場の人々の胃袋を支える
バル・ジョアン
Bar Joan

ボルン地区 MAP 付録P.15 D-2

サンタ・カタリーナ市場内の古いバル。カウンター席がメインの伝統的な店構えで、典型的なバル料理を提供する。地元の買い物客や市場で働く人々が多く訪れるとあって、お手ごろな価格なのもポイント。市場の雰囲気に浸りながら食事ができる。

☎93-3106150 ㊋4号線Jaume Iジャウマ・プリメール駅から徒歩5分 ㊑En Giralt el Pellicer 2(サンタ・カタリーナ市場→P.130内) ⏰7:30～15:30 ㊡日曜

1. さまざまなシーフード料理がある 2. カタツムリの煮込み€4.50 3. モツ煮€4.74。シーフード以外のタパス料理も豊富 4. カウンター上には料理が並んでいるので、気になるものは指さしで注文するのもあり

タラのオーブン焼き
Bacalao lata
€5

スペインでは「バカラオ」と呼ばれるタイセイヨウダラがポピュラー。塩漬けにして干したものをさまざまなスタイルで食べる

05 獲れたて新鮮なシーフードが自慢の4店

海を望む贅沢なロケーション
カ・ラ・ヌリ・プラヤ
Ca la Nuri Platja

バルセロネータ **MAP**付録P.10 B-4

魚市場で仕入れる新鮮なシーフードを使った料理や、季節の米料理が評判の地中海料理レストラン。海側の壁が全面ガラス張りで、店全体が海辺のテラスのよう。砂浜にせり出したテラス席もロマンティックな造りだ。

☎93-2213775 ❹4号線Barcelonetaバルセロネータ駅から徒歩10分 所Passeig Maritim de la Barceloneta 55 営夏期12:00～23:00、冬期12:00～16:30、19:00～22:30(金～日曜は通し営業) 休無休

カ・ラ・ヌリ風パエーリャ
Paella Ca la Nuri
€19.90(1人前)
魚介の旨みたっぷり。珍しく1人前から注文できるのでぜひトライ

1. 素晴らしいオーシャンビューが広がる 2. 名物のパエーリャは外せない 3. ワインのお供にぴったりなタパスも 4. ムール貝の鉄板焼き€10.20 5. 開放的な店内

魚介のだしが利いたパエーリャも評判
チェリフ
Cheriff

バルセロネータ **MAP**付録P.10 A-4

シーフード料理店の老舗で、鮮度と味わいを追求する厨房が生み出す味は、地元グルメサイトでも評判。シンプルなものから手の込んだ煮込み料理、パエーリャまで心ゆくまで楽しめる。

☎93-3196984 ❹4号線Barcelonetaバルセロネータ駅から徒歩5分 所C. Ginebra 15 営13:00～24:00 休無休

貝の鉄板焼き
Closcas a la plancha
€35
種類豊富な貝がのったゴージャスな内容

1. ザルガイという日本では珍しい2枚貝も 2. ピンクの外壁が印象的 3. 落ち着いた雰囲気の店内 4. 魚介のフライの盛り合わせ€25

103

GOURMET 06 SWEETS

人気のスペイン・スイーツを本場で!!
絶対に行きたいスイーツ⑤店

近頃は日本でも、エンサイマダやポルボロンなどスペインの伝統菓子が注目を集める。
素朴な味から世界一を勝ち取った新作スイーツまで、本場バルセロナでイチオシを堪能!!

1 数々の賞に輝いた職人たちの自信作
ラ・パスティセリア・バルセロナ
La Pastisseria Barcelona
アシャンプラ MAP付録P.12 B-3

2019年カタルーニャ・ベストパティスリー賞・革新賞、クープ・デュ・モンドのチャンピオンなど、さまざまな賞を獲得した職人たちによる鮮やかなケーキたち。店頭での販売のほか、カフェテリアでひと休みしながらドリンクとともに味わうこともできる。
☎93-4518401 ⓜM2・3・4号線Passeig de Gràcoaパセッチ・デ・グラシア駅から徒歩6分 所C. Aragó 228 営9:00〜14:00（日曜、祝日は〜14:30）、17:00〜20:00 休日曜、祝日の夜

世界一の栄冠に輝いたケーキをはじめ甘い誘惑が並ぶ

€5.30

サン・ジョルディのバラ
愛する人にバラを贈る日のケーキ

€5.30

ピュア・チョコレート
パティシエ国際大会で優勝したケーキ

1.色とりどりのケーキが並ぶ店内。鮮やかな彩りに胸がときめく 2.地下に工房がありできたてが並ぶ 3.シックなエクステリアのお店

修道女が作っていた伝統のお菓子
カエルム
Caelum
ゴシック地区 MAP付録P.14 C-2

かつては修道女が作っていた伝統的な菓子を、今も手作りしている店。美しいパッケージが所狭しと並ぶ。買い物だけの時でも、あまり混んでいない時にお願いすれば、地下の石壁のカフェを見せてもらえる。
☎93-3026993 ⓜM3号線Liceuリセウ駅から徒歩3分 所Palla 8 営10:00〜20:30 休無休

ミュシャのロマンティックなパッケージ

€12.50

サンタ・クララのジェマ
卵黄と砂糖で作られた素朴なお菓子

2 ローマ式浴場の跡地で、遺跡カフェとしても有名!

1.石畳の歩道と石造りの建物 2.遺跡の中にある地下のカフェ

軽食やおやつにおすすめ！
グランハ・ラ・バリャレサ
Granja La Pallaresa
ゴシック地区 **MAP**付録P.14 B-2

ゴシック地区でチョコレート屋が集まるペトリチョル通りでも有名な店。ホットチョコレートや伝統菓子が並んでいる。どれもやさしい手作りの甘味だ。タイムスリップしたような懐かしさのある店内は地元の固定客と観光客が入り交じる。
▶P.106

1. どこか懐かしさを感じさせる店内 2. 1974年創業の老舗人気店

地元民にも観光客にも愛される伝統の味

€1.50
エンサイマダ
→スペイン、マヨルカ生まれの伝統的なパン

€4.10
クレマ・カタラナ
→焦げをつけて完成。カタルーニャ地方のデザート

パスティセット
→カタルーニャ地方の揚げパン。ジャムやチーズ入り

カフェ・コン・レチェは€2.30

美しい建物と菓子の競演
エスクリバ
Escribà
ラバル地区 **MAP**付録P.14 B-2

4代続くケーキやチョコレートの老舗、エスクリバのショップ兼カフェ。ランブラス通りの中央部、サン・ジョセップ市場のすぐ脇に位置する。美しい色彩のモデルニズムの建物で、鮮やかな外壁とステンドグラスがひときわ目を引く。テラス席もあり。
☎93-3016027 ❂M3号線Liceuリセウ駅から徒歩1分 ㊟Rambla 83 ⊙9:00～21:00 ㊡無休

ワッフル
→甘いジャムやクリームをトッピング

1. 19世紀の様式の美しい外観 2. 思わず手に取りたくなるミニケーキ各種

06 絶対に行きたいスイーツ5店
グルメ

€6.40
シャビーナ
→「世界一」を受賞したチョコレートケーキ
→スペインを代表するパティセリーの魅惑的なケーキたち。€5.55～

おしゃれな店に美しいケーキの数々
ブボ
Bubó
ボルン地区 **MAP**付録P.15 D-3

ジュエリーショップのような店舗に、見た目にも美しいケーキを置く店。菓子パン、ボンボン、マカロンもある。創業は2005年。ケーキはショップで購入のほか、店内でも食べられる。隣には、タパスやカクテルのバーを併設。
☎93-2687224 ❂M4号線Jaume Iジャウマ・プリメール駅から徒歩3分 ㊟C. Caputxes 10 ⊙10:00～20:30 ㊡無休

歴史ある石畳の街から斬新な新作スイーツが続々誕生！

1. ボルン地区にあるおしゃれなショップ
2. パンの種類も豊富に揃う

105

GOURMET 07 CHURROS

スペインで絶対に食べたいお菓子チュロス

おいしいチュロスが食べられる 4 店

チュロスとホットチョコレートをグランハでいただくのがスペインの伝統。サクッと軽い揚げ菓子を甘いチョコレートに浸す、大人も子どもも大好きな味は夢中になること間違いなし!

カリカリでモチモチ!食べだしたらもう止まらない!

Good Taste!

↑1947年創業当時から変わらないインテリア
→伝統のホットチョコレートは甘さ控えめ。砂糖を入れたりホイップクリームのトッピングをしたりして好みの味にするのが地元流

実際に目の前で揚げているところを見学できる楽しみも

↑チュロスもポテトも揚げたての熱々をが食べられる大人気のお店

Delicious

ポラスはチュロスより太めでやわらかく食べ応えがある

懐かしさあふれる甘味にホッとひと息

グランハ・ラ・パリャレサ
Granja La Pallaresa
ゴシック地区 MAP 付録P.14 B-2

ペトリチョル通りにある数あるチョコレート店のなかでも懐かしい伝統のホットチョコレートとチュロス、手作りスイーツで特に有名。地元客に交じってひと休みするのもいい。

☎93-3022036 ㊍ 3号線Liceuリセウ駅から徒歩3分 ㊟C. Petritxol 11 ㊇9:00～13:00、16:00～21:00 日曜、祝日17:00～21:00 ㊡無休

カリカリ&もちもちのチュロスの名店

チュレリア・ライエタナ
Churreria Laietana
ボルン地区 MAP 付録P.15 D-2

チュロスとポラスの専門店。小さいが居心地のよい店で、いつも揚げたてのおいしいものが食べられると多くの人で賑わう。自家製フライドポテトやポテトチップスもおいしい。

☎93-2681263 ㊍ 1・4号線Urquinaonaウルキナオナ駅から徒歩2分 ㊟Laietana 46 ㊇7:00～13:00、16:30～20:30 日曜8:00～13:30 ㊡土曜

グランハでは蝶ネクタイの紳士がお出迎え！

キッチンから油の新鮮で香ばしい香りが漂ってくる

地元の人たちと一緒にカフェで立ち飲みもカッコイイ

各店ご自慢のアツアツチュロスは地元っ子も大好きなお菓子！

グルメ

07 おいしいチュロスが食べられる4店

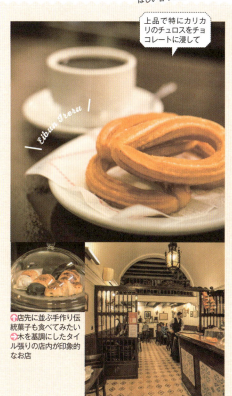
上品で特にカリカリのチュロスをチョコレートに浸して

↑1969年創業の地元密着型店舗。地元っ子と一緒に並ぼう
→揚げ菓子がずらりと並んだ店先はどれにしようか絶対迷う！

Good Taste！
油で揚げているのに軽いから、いくつでも食べられる

↑店先に並ぶ手作り伝統菓子も食べてみたい
→木を基調にしたタイル張りの店内が印象的なお店

1941年創業のシックなカフェテリア

ドルシネア
Dulcinea
ゴシック地区 MAP 付録P.14 C-2

創業当時からの店内が美しい市内で最も有名なホットチョコレートと手作り菓子のお店のひとつ。チュロスや昔ながらのメリンドロ（スポンジ菓子）などの伝統菓子が味わえる。

☎93-3026824 ㊋M3号線 Liceuリセウ駅から徒歩2分 所C. Petritxol 2 営9:00〜13:00 17:00〜21:00 休無休

地元住民と一緒に並んでチュロスを買おう

チュレリア・マネル・サン・ロマン
Xurreria Manuel San Román
ゴシック地区 MAP 付録P.14 C-3

市内で最も伝統的なチュレリア（チュロスなど、揚げ菓子を中心的に置く店）のひとつ。庶民的な雰囲気が魅力。菓子類のほかホットチョコレートも注文できる。

☎93-3187691 ㊋M3号線 Liceuリセウ駅から徒歩3分 所C. Banys Nous 8 営7:00〜13:30 15:30〜20:15 土・日曜7:00〜14:00 16:00〜20:30 休無休 (€4以上)

GOURMET 08 CAFE
カフェ

行列ができる人気のコーヒーショップ

愛されこだわりカフェ 5 店

歴史的な建造物や美しい装飾に囲まれて、厳選された豆で淹れるコーヒーや、手作りの菓子がのんびりと楽しめる憩いのスペース。スペインの街角で、もの思いに耽けるひとときを。

モデルニスモ様式の老舗カフェ
カフェ・デ・ラ・オペラ
Café de la Opera
ランブラス通り MAP付録P.14 B-3

リセウ劇場向かいにあるカフェ。かつては宿屋だった建物がモデルニスモの時代に当時流行のスタイルに改装され、現在はカフェとして朝から深夜まで地元客と観光客で賑わう。チュロスとホットチョコレートが有名だが、軽食もある。

☎93-3177585 ⓜ3号線 Liceuリセウ駅から徒歩1分 所La Rambla 74 営8:00〜翌1:00 休無休

↑定番のチュロス€4.20とホットチョコレートは相性◎

→スペインのレトロなカフェの雰囲気が楽しめる

芸術的な装飾に囲まれた美しいカフェでひと休み

ひときわ目を引くカフェテリア
メソン・デル・カフェ
Meson del Café
ゴシック地区 MAP付録P.14 C-3

ゴシック街にある1909年創業のカフェテリアで、当時からのコーヒーメーカーがある。内装もクラシックで独特な雰囲気を残す。チュロス・ホットチョコレート、メリンドロやクロワッサンなどの伝統的な軽食のほか、タパスや食事もある。

☎93-3150754 ⓜ4号線 Jaume I ジャウマ・プリメール駅から徒歩1分 所C. Llibreteria 16 営7:30〜21:30 土曜9:30〜22:00 休日曜

アットホームで地元客にも人気の小さなカフェ

↑→こだわりのコーヒーとタパスを楽しみに、ランチに訪れるのにぴったり

朝食から深夜まで利用できる
クアトラ・コザス
Quatre Coses
アシャンプラ **MAP**付録P.12 C-3

レストラン「エル・ブジ」のデザート部門で活躍したオリオル・バラゲの初のレストラン。軽食、アペリティフ、日替わり定食、小皿料理、菓子類、夕食、食後の一杯…とどれをとっても良質で、さまざまな楽しみ方ができる。ショップではケーキなども販売。

☎93-8394110 Ⓜ2・3・4号線 Passeig de Gràciaパセッチ・デ・グラシア駅から徒歩3分 ⌂C. Consell de Cent 329 ⏰9:00～24:00 金・土曜 9:00～翌1:00 休日曜

朝から深夜まで営業しているので、利用しやすい

ディスプレイされたさまざまなスイーツに目を奪われる

木イチゴ・ライチ・バラ・バニラのケーキ€7.90

チョコレートケーキ€7.50

グルメ

08 愛されこだわりカフェ5店

中世の石壁に囲まれて過ごす
カエルム
Caelum
ゴシック地区 **MAP**付録P.14 C-2

地上階と地下にカフェがあり、ガラス張りの地上階からはゴシック街の通りが見える。狭い階段を下った地下は、かつてユダヤ人の公衆浴場だった場所。石壁が美しく、一見の価値あり。価格も手ごろ。

☎93-3026993 Ⓜ3号線 Liceuリセウ駅から徒歩3分 ⌂C. Palla 8 ⏰10:00～20:30 休無休

外観はモダンな雰囲気

独特な雰囲気とともに手作りのスイーツを楽しんで

たくさんのスイーツに目移りしてしまう。おみやげにもおすすめだ

地元で人気の老舗コーヒー店
カフェス・エル・マグニフィコ
Cafés El Magnífico
ボルン地区 **MAP**付録P.15 D-3

バルセロナでは数少ない、丁寧に豆の選定を行うコーヒー豆店。100年の歴史を持つ同店は生産者とのつながりを大切にしつつ、アフリカ、中南米、東南アジアなど多くの国の豆を販売する。店頭でコーヒーを味わうこともでき、近所にはカフェテリアもある。

☎93-3193975 Ⓜ4号線 Jaume Iジャウマ・プリメル駅から徒歩2分 ⌂C. Argenteria 64 ⏰10:00～20:00 休日曜

モデルニスモ様式のこの店にはピカソも訪れたとか

淹れたてのコーヒーをテイクアウトでも楽しめるので、ぜひ気になる豆を試してみたい。ブレンドコーヒー豆€6～

109

GOURMET 09　FOOD COURT

食事とお酒を楽しむ大人のための新スタイルレストラン
人気店が一堂に会する巨大フードコート

かつてはシアターや工場として使用された歴史ある建物を利用した広大なフードコート。肉や魚、タパスなど好きなものをつまみに、ビールやワインをいただく。

広々とした店内でゆったりと食事を満喫したい

パンに具をのせたピンチョス風小皿料理も並ぶ

多様な店の味が同時に楽しめる
エル・ナシオナル
El Nacional
アシャンプラ MAP 付録P.13 D-4

市内中央の歴史ある建物に2500㎡を超える大きな店舗を構え、ひとつのレストランの中にレストランとバーを4つずつ置くという新たなコンセプトに挑戦する店。広々とした空間と大きなガラス窓や金属製の柱が美しく、唯一無二の空間となっている。

☎93-5185053　交M2・3・4号線 Passeig de Gràciaパセッチ・デ・グラシア駅から徒歩2分　所Passeig de Gràcia 24 Bis　営12:00〜翌2:00 金・土曜12:00〜翌3:00　休無休

▶バラ・デ・オストラス
Barra de Ostras
新鮮なカキのほか、キャビアやサーモンなどさまざまなシーフード料理を提供。

▶ラ・ブラセリア
La Braseria
肉料理のレストラン。ステーキやハンバーガーを好きなお酒とともに楽しみたい。

▶バラ・デ・ビーニョス・エンブティドス
Barra de Vinos Y Embutidos
クオリティの高いワインを豊富に揃えるワインバー。自慢のタパスもおすすめ。

個性的な**センス**がショーウインドーを**飾**っています!

ショッピング
Let's go find your treasure

飾らないおしゃれが似合う街で

ダテです、オシャレです!
バッグも靴もファッションも!
スペインの皮革製品は昔からの自慢だし、
デザインはすこぶるハイセンス!
まずはグラシア通りを歩きたい。
スペインブランドのロエベをはじめ、
ヨーロッパブランドが競い合っている。
雑貨もキュートなものが勢揃い!
アートな彩りもスペインらしくて独特!
旧市街に行けば、老舗が点在。
したたかに伝統を守っていて
手作りのサンダルなど、
見逃せないクラフトも多い。

Contents

バルセロナ発
ブランド ▶P114

多彩な品揃えで注目の
セレクトショップ 4店 ▶P120

雑貨 もハイセンス ▶P122

温もりをくれる 陶器 5店
▶P126

高品質の コスメ が
手に入る 5店 ▶P128

マーケット で
買い物&つまみ食い ▶P130

デパート&スーパー で、
喜ばれるおみやげ探し
▶P132

オリーブオイル
もびっくりするほど多彩 ▶P134

郷土色豊かな
お菓子&食品 を選ぶ ▶P136

スペインと チョコレート
甘い関係 ▶P138

買い物パラダイス 欲しいものであふれるバルセロナ！

ロエベやザラなど、スペイン発祥のブランドの魅力的な店舗が多数。カタルーニャの長い歴史が生んだ伝統工芸品、チョコやオリーブオイルなどの食品もワクワク感を高める買い物に！

基本情報

休みはいつ？営業時間は？

小規模店の一般的な営業時間は月～土曜の10:00～14:00、16:00～20:00で、日曜・祝日はお休みが基本。グラシア通りの有名ブランド店、大型店やショッピングモール、食料品店は、昼休みなしで営業するところが多い。

夏期や12月は日曜も営業

かつては夏期休業をとる店が大半だったが、観光客が多い7～9月は日曜営業のブランド店が増加。クリスマスシーズンの12月も同様だ。ただし、8月は閉店時刻を早めるショップもある。

生ハムの日本持ち込みはNG

「スペイン産のおいしい生ハムとサラミをおみやげに」という気持ちはわかるが、輸入申告と検査証明書なしでのスペイン産加工肉の日本への持ち込みは、法律で禁止されている。スーツケースにこっそりしのばせて帰国した場合、以前は空港での発見時に任意放棄すればよかったが、2019年4月から罰則が強化され、違法行為として処罰の対象に。食品のおみやげは、合法であるチョコレートやオリーブオイルがおすすめだ。

お得情報

バーゲンの時期は？

日本と同様に、バーゲンシーズンがあり、特にブランド品がぐんとお得に。カタルーニャ語でバーゲンは「Rebaixes ラバイシャス」といい、店頭にこの文字が掲げられる。夏は7月上旬～8月下旬、冬は1月上旬～3月上旬が一般的。

免税手続きも怠りなく

Tax Free加盟店で買い物をすると、21%（服や装飾品の税率）の付加価値税のうち最大13%が戻ってくる。免税書類は加盟店で発行してもらえ、パスポートの提示が必要。その後の手続きについては、免税書類内に日本語での詳しい案内がある。
▶P163

エコバッグは必需品？

スーパーなどではレジ袋は有料。エコバッグを携行すると、何かと役立つ。

スペイン発祥のお店

ロエベ
19世紀半ば創業の皮革製品の名門。スペイン王室御用達店でもあり、気品あふれるバッグで名高い。

マンゴ
バルセロナ発祥のレディスブランド。クールさと可憐さを兼ね備えたデザインが若い女性に人気だ。

ビンバ・イ・ロラ
2005年の登場以来、働く女性に高い支持を受ける。個性的でありつつ、フェミニンな服や小物が評判。

デシグアル
ポップな色づかいと大胆なデザインが個性派ファッションを好む人に人気。レディス、メンズを展開。

ザラ
ファストファッションの手軽さと高いファッション性で世界的なブランドに。本国では「サラ」と発音。

サイズ換算表

服（レディス）		服（メンズ）	
日本	スペイン	日本	スペイン
5	XS	6	ー	ー
7	S	8	S	34
9	M	10	M	36
11	L	12	L	38
13	LL	14	LL	40
15	3L	16	3L	42

パンツ（レディス）		パンツ（メンズ）	
日本(cm)	スペイン	日本(cm)	スペイン
58-61	23	68-71	27
61-64	24	71-76	28-29
64-67	25	76-84	30-31
67-70	26-27	84-94	32-33
70-73	28-29	94-104	34-35
73-76	30		

靴（レディス・メンズ）	
日本	スペイン
22	2・ー
22.5	2.5・ー
23	3・ー
23.5	3.5・4.5
24	4・5
24.5	4.5・5.5
25	5・6
25.5	5.5・6.5
26	6・7
26.5	6.5・7.5
27	7・8
27.5	7.5・8.5
28	8・9
28.5	ー・9.5
29	ー・10

おすすめのバルセロナみやげ

建築と美術の街であり、美食の都でもあるバルセロナには魅力的なグッズや食品がいっぱい。華やかな最新ブランド品もいいが、バルセロナデザインのファッション小物や雑貨、カタルーニャ伝統の加工食品なども、ぜひゲットしたい。

陶磁器
楽しくて鮮やかな色づかいの陶磁器はスペインならでは。マグカップや小皿などは自分用にも、おみやげにもいい。

オリーブオイル
本場でこそ入手できる高品質のスペイン産オリーブオイルに加え、石鹸などオリーブオイルを使ったコスメも好評。

チョコレート
ヨーロッパ有数の"チョコの街"だけに老舗＆人気ショコラティエが多数。おみやげにぴったりなケース入りも。

ファッション
バルセロナブランドの服、バレエシューズ、バッグや皮小物、アクセサリーなど、日本では見つからないお宝揃い。

ショッピングのマナー

まずはあいさつを
ブランドショップや小規模店では、笑顔でのあいさつが満足のいく買い物につながる。入店時は「オラ（こんにちは）」、出るときは「グラシアス（ありがとう）」と声をかけよう。無言のままは避けるように。

商品は勝手にさわらない
大型店以外では、棚の商品を勝手に手にとるのはマナー違反。店員さんに声をかけて見せてもらうのが基本だ。購入の場合は店員さんと一緒にレジへ。購入しない場合も退店時に感謝の言葉を伝えたい。

バルセロナのショッピングエリア

ブランド品や高級品はグラシア通り周辺、バルセロナらしい雑貨や食品の店はゴシック地区に集中。ディスプレイもおしゃれで素敵。

ハイブランドが軒を連ねる
グラシア通り .... Passeig de Gràcia

街一番のショッピングストリートは、カタルーニャ広場の北に延びるグラシア通り。スペイン、フランス、イタリアの高級ブランド店が並び、ロエベの超豪華店舗やザラの大型店もある。

個性的な店や老舗巡りを
ゴシック地区 .... Barri Gòtic

ランブラス通りの東に広がるゴシック地区には、老舗専門店や個性的なショップが多い。特にファッションやアクセサリー、雑貨、陶磁器、食品店が充実し、おみやげを探すのにもいい。

基本会話

●スペイン語

これはいくらですか。
¿Cuánto es?
クアント エス

これは何ですか。
¿Qué es esto?
ケ エス エスト

もう少し安くなりませんか。
¿Puede rebajarme algo?
プエド レバハルメ アルゴ

これをください。
Esto, por favor.
エスト ポル ファボール

試着してもいいですか。
¿Puedo probar?
プエド プロバール

ちょっと大きい（小さい）ようです。
Es un poco grande (pequeña)
エス ウン ポコ グランデ（ペケーニャ）

領収書をください。
El recibo, por favor
エル レシボ ポル ファボール

おつりの計算が合いません。
El cambio no está correcto
エル カンビオ ノ エスタ コレクト

SHOPPING 01 　BARCELONA BRAND

スタイリッシュで上質なアイテムが揃う
バルセロナ発ブランド

アーティストや職人たちの手によって丁寧に作られるアイテムは、どれも洗練されたデザインセンスが光る逸品ばかり。バルセロナのトレンドアイテムに注目したい。

↑旅の思い出に、お気に入りのショップを見つけたい

カジュアル・ファッション

彩り豊かな洋服からシックなアイテムまで個性派が揃う

地元女性デザイナーのショップ
ライア・パピオ
Laia Papió

ボルン地区　MAP付録P.15 E-2

バルセロナで丁寧に手作りされる服を探すなら、ぜひこの店を訪れたい。すっきりしたシェイプのモダンなデザインは、オリジナルで組み合わせやすく、着心地も満点だ。

☎93-1703967　M1・4号線 Urquinaona ウルキナオナ駅から徒歩6分　11:00～14:00、17:00～20:00　Sant Pere més Baix 45　休日曜

デザイナーのセンスが光るアイテムが並ぶ

デザイナー本人が売り場に立って接客することも

↑女性らしいカラフルで愛らしいデザイン。旅の記念に買い求めたい

↑店内のアトリエでデザイナーが思いを込めて、手作りしている

ガリシア発の個性派ファッション
ビンバ・イ・ロラ
Bimba y Lola

アシャンプラ　MAP付録P.12 C-3

モダンなデザインが揃う、日本未出店のレディスファッションブランド。独特なテイストのデザインは気が利いていて、ちょっぴり辛口な雰囲気も。特にバッグが人気。

☎93-2158188　M2・3・4号線 Passeig de Gràcia パセッチ・デ・グラシア駅から徒歩1分　Passeig de Gràcia 55-57　10:00～21:00　休日曜

バッグは、シック系からカラフルで楽しいものまで充実

114

01 バルセロナ発ブランド

ショッピング

カタルーニャ発多国籍ブランド
マンゴ
Mango

アシャンプラ MAP付録P.13 D-3

地中海の雰囲気をデザインに取り入れた、日本でもおなじみのお手ごろ価格のブランド。婦人・紳士・子供服を揃える。大きいサイズも豊富。同じ通りの65番地には子供服専門のMANGO Kidsもある。

☎93-2151543 Ⓜ2・3・4号線 Passeig de Gràciaパセッチ・デ・グラシア駅から徒歩2分 ㊟Passeig de Gràcia 36 ⏰10:00〜21:30 休日曜

スペイン発のファストファッションは日本でも人気

↑こちらの店舗は品揃えも豊富で、多くの観光客が訪れる人気のショップ

個性が光るセレクトショップ
エストゥーディ・ストゥーディオ
ESTUDI STUDIO

ラバル地区 MAP付録P.14 B-1

地元デザイナーが作る服と、デザイナー本人が選んだアイテムを置くセレクトショップ。少量生産の服は個性的なセンスを持ち、品質にも大満足。服のほかバッグやアクセサリーもある。

洋服やバッグのほか、陶器まで扱っている

☎93-8323403 Ⓜ1・3号線 Catalunyaカタルーニャ駅から徒歩4分 ㊟Elisabets 20 ⏰10:30〜20:30 休無休

↑地元デザイナーたちが作る個性あふれるアイテムは見ているだけでも楽しい

バルセロナ発の大胆ファッションブランド
デシグアル
Desigual

ランブラス通り MAP付録P.14 C-1

さまざまな色や柄のプリントをパッチワークのように組み合わせた大胆なデザインで一世を風靡したファッションブランド。近年はシックなデザインやスポーツコレクションにも力を入れ

☎93-6538062 Ⓜ1・3号線 Catalunyaカタルーニャ駅から徒歩1分 ㊟La Rambla 136 ⏰10:00〜21:00 金・土曜9:00〜21:00 休無休

広い店舗で、日本未入荷のアイテムが見つかるかも

115

SHOPPING 01 BARCELONA BRAND

シューズ&スニーカー

ひと味違うデザインのシューズは
おしゃれ度が増す最強アイテム

昔ながらの技術で染めた手作りの革靴
ヴィアリス
vialis
ボルン地区 MAP 付録P.15 E-3

自然な風合いを大切にした手作りの革靴。メノルカで靴作りを学んだ職人が1996年にボルン地区で立ち上げたメーカー。人工の色素は使わず、昔ながらの方法で染め上げた皮は、一枚一枚微妙に異なる色調が魅力。

☎93-3199491 交 M 4号線 Barcelonetaバルセロネータ駅から徒歩4分 所 Vidrieria, 15 営 10:30～21:00 休 日曜

丁寧に作られた靴は、履き心地も満点だ

↑独特の色合いが美しいスエード靴€129

↑ブーツ€169はフォーマルにもカジュアルにも履けるので1足あるとうれしい

↑バルセロナ発の人気シューズ・ブランド

白い外壁が有名なエスパドリーユ専門店
ラ・マヌアル・アルパルガテーラ
La Manual Alpargatera
ゴシック地区 MAP 付録P.14 C-3

1940年創業のエスパドリーユ（麻の靴底のサンダル）専門店。ファッショナブルなデザインを提案し、サンダルの地位向上に貢献してきた。店内の棚に整然と積まれた在庫は圧巻。サンダルのほか、スニーカーや買い物かごも置く。

☎93-3010172 交 M 3号線 Liceuリセウ駅から徒歩3分 所 Avinyó 7 営 9:30～20:00 休 日曜

↑鮮やかな色づかいのマルチカラーバレンシアーナ・トポリーノ€29

↑シンプルながら個性が光るデザインは、人目を引くこと間違いなし！

↑地元でも長く愛され続けている老舗のエスパドリーユ専門店。店の奥には今でも工房がある

カラフルでポップなエスパドリーユがずらりと並ぶ

↑麻のピンチョ€29

€350〜450程度で手作りの靴を買うことができる

スタイリッシュでオリジナル
ヌ・サバテス
Nu Sabates

ボルン地区 MAP 付録P.15 D-3

天然染料とイタリア製の革を使い、ひとつひとつ丁寧に手作りされた靴。流行を追わないデザインは、ベーシックでありながら、とても個性的。さまざまなファッションと合わせながら長年履き込んで、じっくり変わってゆく染めの色が楽しめる。

☎93-2680383 Ⓜ4号線 Jaume I ジャウマ・プリメール駅から徒歩2分 ⓘ12:00〜19:00 🏠Cotoners 14 休日曜

01 バルセロナ発ブランド

ショッピング

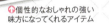
↑個性的なおしゃれの強い味方になってくれるアイテム

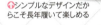
↑シンプルなデザインだからこそ長年履いて楽しめる

↑履き心地も抜群のブーツ

↑長く気に入る靴に出合いたい

カラフルなスニーカーが豊富
ミュニック
Munich

ボルン MAP 付録P.15 E-4

1939年、スペイン内戦終了直後に創業し、現在は3代目になる専門店。今は陸上、サッカー、フットサルなど機能性スポーツシューズとスポーツ用品を専門とするが、近年はストリート向けスニーカーも扱う。

☎664-218-560 Ⓜ4号線 Barcelonetaバルセロネータ駅から徒歩3分 🏠Plaça de les Olles 9 ⓘ10:00〜21:00 日曜12:00〜20:00 休無休

外観も爽やかでポップな雰囲気

↑スニーカーのほか、バッグやスーツケースも扱っているので、じっくり見たい

↑オオサカ €89〜
↑ウェーブ €99〜。大人から子どもまで、オリジナルの多様なデザインが人気

タウン用バレエシューズ
プリティ・バレリーナ
Pretty Ballerinas

アシャンプラ MAP 付録P.13 D-1

世界のセレブをファンに持つ靴ブランド。現オーナーの父親は時代を先取りし、先代の手作り靴工房をスペインで一、二を争う靴メーカーに育て上げた人。日本にも出店しているが、スペインではより手ごろに買える。

☎93-4156524 Ⓜ3・5号線 Diagonalディアゴナル駅から徒歩1分 🏠Passeig de Gràcia 106 ⓘ10:00〜20:30 休日曜

バレエシューズは€129〜225程度で購入できる

履き心地抜群のモダンな靴
カンペール
Camper

アシャンプラ MAP 付録P.12 C-3

カラフルな色合いとモダンなデザインで人気の靴メーカー。ゆったりしたデザインながらスタイリッシュな革靴は、カジュアルからフォーマルまで様々なシーンで活躍する。

☎93-2156390 Ⓜ2・3・4号線 Passeig de Gràciaパセッチ・デ・グラシア駅から徒歩3分 🏠València 249 ⓘ10:00〜21:00 日曜12:00〜20:00 休無休

大人から子どもまで幅広いラインナップが人気

SHOPPING 01 BARCELONA BRAND

アクセサリー&バッグ

長く愛され続ける老舗から
新進気鋭のショップまで

今、話題の新ブランド
ミスイ
MISUI

アシャンプラ **MAP**付録P.12 C-1

ジュエリーショップの老舗、ウニオン・スイサが2015年に立ち上げた新ブランド。バルセロナでデザインされた、伝統に贅沢さをミックスしたジュエリーと帽子、靴を専門。ウニオン・スイサが入る建物の1階にある。

☎93-4160105 ❍M3・5号線 Diagonalディアゴナル駅から徒歩5分 ㊟Diagonal 482 ⏰10:30～20:00 休日曜

落ち着いた雰囲気の店内でじっくり買物を楽しみたい

↑モデルニスモ様式の建物が目印

←KLARコレクションの指輪€3700(左)や、KLARコレクションのピアス€7400(右)など洗練されたデザインのアクセサリーを扱う

クマのモチーフが有名なジュエリー
トウス
Tous

アシャンプラ **MAP**付録P.12 C-2

3世代100年の歴史を誇る、カタルーニャ発のジュエリー・アクセサリーメーカー。1996年から日本にも進出しているが、本場では日本未発売の製品も見つかるかも。

☎93-4675959 ❍M3・5号線 Diagonalディアゴナル駅徒歩1分 ㊟Passeig de Gràcia 99 ⏰9:30～20:30 休日曜

クマモチーフのジュエリーはプレゼントにも喜ばれる

↑世界中に店舗をもつ人気ブランド

←かわいらしいディスプレイは見ているだけでわくわくする

19世紀の古い建物を改装した店舗

個性的デザインのバッグと革小物
リサ・レンプ
Lisa Lempp

ボルン地区 MAP付録P.15 D-3

9世紀の終わりに建築されたおしゃれな建物にある、革のバッグや小物製品を作る工房兼ショップ。以前は弟さんと一緒に商品を作っていたが、リサさんが独立した形。デザインはどれもリサさんのオリジナル。すっきりした印象で非常に使いやすい。

☎93-3195891 ◉4号線 Jaume I ジャウマ・プリメール駅から徒歩2分 ㊐Brosoli 5-1 ⏰11:30～20:30 休日曜

01 バルセロナ発ブランド

ショッピング

⬆商品はすべてリサさんの手作りでほぼ一点もの。バッグ Naiobi €122

⬆バッグ Vicky €149。独特なカラフルな色づかいと革の継ぎ方はまさにバルセロナの多様性を体現

店の奥にあるアトリエからリサさんがミシンを踏む音が聞こえる

流行を追わず、でもいつも新しい
ベアトリス・フレスト
Beatriz Furest

ボルン地区 MAP付録P.15 D-3

バルセロナのストリートファッションをコンセプトに、バルセロナでデザイン・制作された服やバッグ、靴が並ぶ店。革製品に使用する素材はイタリア産で、食品市場から出る羊と牛の皮。染色には天然素材を用いている。

☎93-2683796 ◉4号線 Jaume I ジャウマ・プリメール駅／Barceloneta バルセロネータ駅から徒歩5分 ㊐Esparteria 1 ⏰10:30～20:30 休日曜

地元でも支持される人気ブランド

1920年創業、バルセロナデザインの鞄店
ルポ・バルセロナ
Lupo Barcelona

グラシア通り MAP付録P.13 D-1

創業者のデザイナーが1920年代に工房を開いて以来、ずっとグラシア通りに根ざしたブランド。当初はスーツケースやトランクを制作していたが、80年代からバッグや革小物を主体とし、手作りの品質と繊細なデザイン、伝統と新しさをミックスした品々を作っている。

☎667-100-790 ◉3・5号線 Diagonal ディアゴナル駅から徒歩3分 ㊐Passeig de Gràcia 124 ⏰10:00～20:30 休日曜

⬆バルセロナ市内に複数の店舗がある

⬆アカプルコ€269（右）やボンボネーラ€159（中央）のようなバッグのほか、スニーカー€169なども人気

⬆新鮮みのあるデザインながら、定番アイテムとしても使いやすいのが魅力

バルセロナで愛され続ける老舗ブランド

⬆ハンドバッグは€120～2800とさまざまに揃う

119

SHOPPING 02 SELECT SHOP

ハイレベルなおしゃれ通におすすめ！
多彩な品揃えで注目の セレクトショップ 4 店

センス抜群の目利きたちが選んだ
ハイクオリティでキュートな商品が並ぶ。
心ときめくショッピングに行こう。

Recommend!

↑気さくなオーナー自身が直接接客にあたることもある。アイテム選びを相談してみよう

モダンなデザインの革小物たち
アルテム・アトリエ
ARTEM Atelier

ゴシック地区 **MAP** 付録P.15 D-3

2015年から靴やバッグ、携帯ケースなど、ファッション小物を手作りしているメーカー。ショップ内に工房があり、デザインはすべてオリジナル。高品質の革を使用し、モダンなデザインの製品を作っている。

☎93-5284228 Ⓜ4号線 Jaume I ジャウマ・プリメール駅から徒歩2分 所Baixada de Caçador 6 ⏰11:00〜14:00、16:00〜20:00 休日曜

↑上品さとキュートさを併せ持ったアイテムがずらり

→レディス靴 €160。ガーリーにもカジュアルにも◎

→携帯ケース €96。ファッションのワンポイントに

←さまざまなシーンで活躍してくれそうなハンドバッグ €220

多彩なブランドからお気に入り探し
,248

アシャンプラ **MAP** 付録P.13 D-2

子どもから大人向けまで、100種以上のブランドの服を取り揃えるセレクトショップ。ベルギーのブランド、ベルローズを最初にスペインに持ち込んだ。

☎93-4876744 Ⓜ3・5号線 Diagonal ディアゴナル駅から徒歩2分 所Rosello 248 ⏰10:30〜20:15 休日曜

↑店名の,248は所在地の番地。カジュアル系のファッションを多数揃えている

→カタルーニャのファッションブランドも豊富に取り扱う

1843年創業の高級セレクトショップ
サンタ・エウラリア
Santa Eulalia
アシャンプラ **MAP** 付録P.12 C-2

バルセロナの目抜き通りに4代続く、国内外の高級ファッションを揃えたセレクトショップ。2000m²以上のゆったりした店舗にはアトリエも併設し、注文服の仕立ても行っている。

☎93-2150674 Ⓜ3・5号線 Diagonalディアゴナル駅から徒歩1分 ㊟Passeig de Gràcia 93 ⏰10:00〜20:30 ㊡日曜

⬆グラシア通りの景観にふさわしい雰囲気のおしゃれなファサードが目印だ

➡バルセロナのファッション好きも多く訪れるというショップ。豊富なラインナブが自慢

⬆メンズファッションも多数揃う。広大な店内をゆっくり見てまわりたい

ショッピング

02 多彩な品揃えで注目のセレクトショップ4店

厳選アイテムがまさに「いっぱい」
コルマード
Colmado
ボルン地区 **MAP** 付録P.15 D-3

しゃれた服やアクセサリーを置くセレクトショップ。店名の「コルマード」は「たくさん」を意味する言葉で、良い品質で創造性に満ちたデザインのアイテムを多彩に取り揃えている。おしゃれで入り組んだボルン地区の路地を散歩しながら、お気に入りを探そう。

☎93-1722966 Ⓜ4号線 Jaume Iジャウマ・プリメール駅から徒歩3分 ㊟Brosoli 5 ⏰12:00〜20:00 ㊡日曜

⬇店名のとおり「たくさん」のアイテムが並んでいるので、じっくり買い物を楽しんで

⬆ディスプレイはかわいらしく、アイテムも見やすい

⬆ユニークなエンテン(Henten)のバッグ€70

⬆プレガスエロス(Plegazuelos)のソニア(Sonia)の緑のシャツ€149とパンツ€139

⬆ディアルテ(diarte)の縞のニット€129

121

SHOPPING 03 MADE IN BARCELONA

明るくポップなバルセロナ・テイスト満載
雑貨もハイセンス

世界的な画家を輩出しているバルセロナだから、雑貨も独特でキュートな美意識に包まれている!

→おみやげにも最適なガウディのタイルを模した石鹸

高品質な手作り石鹸の数々
サバテル・エルマーノス
Sabater Hermanos
ゴシック地区 **MAP** 付録P.14 C-2

古い工房を思わせる店内には、色や香り、形もさまざまな、数多くの手作り石鹸が並ぶ。素朴だが、品質は最高。市内の歩道やガウディの建築物のタイルを模したデザインの石鹸もある。

☎93-3019832 Ⓜ3号線Liceuリセウ駅から徒歩5分 🈺Plaça de Sant Felip Neri 1
🕙10:30〜21:00 🈔無休

各€4

各€5

1.昔ながらの製法で手作りしている 2.ビタミンカラーがキュート 3.カテドラルに近いサン・フェリペ・ネリ広場の入口にある 4.石鹸の香りがやさしく漂う店内

1

2

3

1.店主こだわりのバルセロナ製品がぎっしり 2.街のタイルをモチーフにした商品も 3.目を引くカラフルで賑やかな店頭 4.おみやげや思い出の品を探しに行きたい

おみやげ探しに最適
ワワス・バルセロナ
Wawas Barcelona
ボルン地区 **MAP** 付録P.15 E-3

バルセロナで作られたアイテムを専門に置くギフトショップ。おみやげにも力を注ぐ。バルセロナの絵はがきなど、どこでも買えそうなものでも、ほかにはない素敵なものが手に入る。

☎93-3197992 Ⓜ4号線Jaume Iジャウマ・プリメール駅から徒歩4分 🈺C. Carders 14 🕙11:00〜21:00 🈔日曜

€22

→Barceloning
バルセロニングのブレスレット

€25

→Siguenza
シグエンサのワインバッグ

→バルセロナのタイル模様のマグカップ

4

122

1. 2020

1. 子どもから大人まで欲しいものが見つかる品揃え 2. 大きな白の看板が目印 3. 思わず笑ってしまうような面白グッズも

➡ネコの塩・胡椒・爪楊枝ホルダー 各€8

しゃれたデザインのギフトショップ
ドス・イ・ウナ
Dos i Una
アシャンプラ MAP付録P.13 D-2

小さな店内には、文房具からキッチン用品、衣類・アクセサリーや装飾品など、あらゆる雑貨が並ぶ。地元のメーカーやデザイナーのグッズも多く、おみやげやプレゼントにぴったりのアイテムが見つかるだろう。

☎93-2177032 ⊗M3・5号線
Diagonalディアゴナル駅からすぐ
⊠C. Rosselló 275 ⏰10:00〜
14:00 16:00〜20:00 日曜11:00
〜19:00 休無休

➡オイルサーディンのスナックフォーク €14

➡テントウムシの掃除機 €13

新古典様式の建物で、おみやげを探そう
ティエンダ・パラウ・モハ
Tienda Palau Moja
ゴシック地区 MAP付録P.14 B-2

1784年落成のお屋敷。おみやげや地元関連の本を扱う店のほか、観光情報センター、郷土料理のレストランが入る。現在、内部の見学は、不定期で行われるイベントなどがあるときのみ。

☎634-972605 ⊗M3号線
Liceuリセウ駅から徒歩2分 ⊠C. Portaferrissa 1 ⏰10:00〜21:30 休無休

1. ランブラス通りに面する 2. カタロニア・バルセロナに関連した商品が並ぶ 3. グエル公園のトカゲのモニュメントが店内に 4. 歴史について探ってみよう

€7.50

➡箱入りの伝統的な詰め合わせクッキー

➡サルバドール・ダリの名言のバッグも

ショッピング

03 雑貨もハイセンス

SHOPPING 03 MADE IN BARCELONA

現地発のアートが盛りだくさん
ラ・ノストラ・シウタット
La Nostra Ciutat
ゴシック地区 **MAP** 付録P.14 C-2

地元のさまざまなアーティストの作品を扱うお店。バルセロナをテーマにした絵画のプリントや、アクセサリーもある。蚤の市のような雰囲気で、きっと素敵なものが見つかるはず。

☎ 93-1561539 交 3号線Liceuリセウ駅から徒歩2分 住 C. Pi 11 営 11:00〜21:00 休 無休

 €29.95
↑→市内の歩道タイルにある花モチーフのペンダント

各 €19.95
↑→トートバッグはさまざまデザインが揃う

1. 広々としたナチュラルな雰囲気の店内 2. 心をくすぐるアクセサリー 3. 絵画や版画が壁一面に飾られている 4. デザイナーのセンスいっぱいの商品が並ぶ

1. 伝統的なものからモダンなものまでさまざまな種類の品が並ぶ
2. 歴史を感じさせる内装 3. 季節によって変わるショーウインドー

各 €2
↑キノコのろうそくがキュート

1761年創業の老舗ろうそく店
セレリア・スビラ
Cerería Subirá
ゴシック地区 **MAP** 付録P.15 D-3

市内に数ある老舗企業のうち、現存する最古の商店。20世紀初頭から1847年築の現店舗で営業。内装は当時のままで、かつてはガス灯だった階段横の彫刻が美しい。

☎ 93-3152606 交 4号線Jaume Iジャウマ・プリメール駅から徒歩1分 住 Baixada de la Libreteria 7 営 9:30(土曜10:00)〜20:00月・火曜13:30〜16:00 休 日曜

←色とりどりのろうそくが売られている

 €7.30
↑バルセロナの歩道タイルを模したろうそく

124

ヨーロッパ最大の文具店
ライマ
RAIMA

ゴシック地区 **MAP**付録P.15 D-2

ゴシック街にある19世紀の建物に入っている文具店。筆記用具、画材、紙製品など、ありとあらゆるものが揃うほか、ちょっとした小物も扱う。カレンダーやグリーティングカード、紙ナプキンなどはおみやげにもぴったり。

☎93-3174966 ❽Ⓜ1・4号線Urquinaonaウルキナオナ駅から徒歩2分 ㊟C. Comtal 27
⏰10:00〜21:00 ㊡日曜

↑市内ポブレ・ノウ地区で作られているWOUFのカバー類
€19.95〜

↑カタルーニャで製造されるドイツメーカーSchwartzの書類フォルダー
€29.95

1

2

3

1. 試し書きのできるスペースも
2. 3000以上の用紙が置かれている
3. 赤いRAIMAのマークが目印
4. なんでも揃う圧巻の品揃え

↑紙バッグ、包装紙、梱包関係ならなんでも揃う

包装や仮装グッズがたくさん
ラ・ボルセラ
La bolsera

ラバル地区 **MAP**付録P.14 B-2

包装用品を中心に取り扱う。包装紙、袋、箱やテープのほか、またパーティや季節の飾り、仮装用品も充実。日本とはまた違う素敵なデザインの製品や面白グッズを探してみよう。

☎93-3171428 ❽Ⓜ1・3号線Catalunyaカタルーニャ駅から徒歩4分 ㊟C. Xuclà 15 ⏰10:00〜14:00 16:00〜20:00 ㊡土曜の午後、日曜

↑段ボールで作られたロボットが楽しいショーウインドー

4

ショッピング

03 雑貨もハイセンス

125

SHOPPING 04 PORCELAIN

1. 食器類が多いがキッチンに置けるタイルや壁掛けも 2. 豊富な品揃えと鮮やかな色調に目を奪われる 3. ショーウインドーにも素敵な陶器がぎっしり

スペイン各地の陶器が大集合
ラ・カイシャ・デ・ファング
La Caixa de Fang
ゴシック地区 **MAP** 付録P.14 C-3

カテドラルの裏手に30年以上店を構える、カタルーニャ製の陶器を中心に集めたショップ。カタルーニャだけでなく、スペイン各地の陶器も扱う。
☎93-3151704 ㊋4号線Jaume Iジャウマ・プリメール駅から徒歩2分
㊡ C. Freneria 1 ㊙10:00〜20:00
㊡日曜

⇨スペインの古都、陶器作りが盛んなトレド製の器

€3.95〜

€7.50〜

⇨伝統のアリオリソース作りに使用するカタルーニャ製すり鉢

スペイン独特の絵柄がうれしい
温もりをくれる陶器 **5** 店

街を歩いていると、陶磁器の店をよく見かける。スペインでは絵皿を壁に貼り付けて装飾にしたりする。白壁に合うカラフルな絵皿やカップをおみやげにしたい。

1. ずらりと並んだ陶器 2. 一点ものしかないお皿
3. ひとつひとつ形も色も違う手作りの時計たち

ボルン地区の小さなほっこり手作り陶芸品の店
1748アルテサニア・イ・コサス
1748 Artesania i Coses
ボルン地区 **MAP** 付録P.15 D-3

小ぶりな店舗ながら、カラフルな品揃えで通りから目を引く陶器店。庶民的な器から人形や飾りまで、お値打ち価格の商品が並ぶ。買った品物は、旅行中であることを伝えると、より丁寧に包装してもらえる。
☎93-3195413 ㊋4号線Jaume Iジャウマ・プリメール駅から徒歩5分
㊡ Placeta de Montcada 2 ㊙10:00〜21:00
㊡無休

€7.80

⇨音楽家、シェフ、司教とさまざまな姿のフクロウたち

€77.50

⇨キュートな模様の陶器

ローカル作家の手作り陶器
アート・エスクデジェルス
Art Escudellers
ゴシック地区 MAP 付録P.14 B-3

ゴシック地区にあるスペイン陶器の専門店。ほかにも市内数カ所に店舗を構える。各地の伝統の陶器のほか、ガラス製品やバルセロナの現地作家のアクセサリー、おみやげも扱う。

☎93-7608624 Ⓜ4号線Jaume Iジャウマ・プリメール駅から徒歩1分 🅟 Plaça de l'Àngel 1-3 🕐10:00～22:00 🈚無休

1枚€9.96

⬆タイルはアルファベットをつなげて家族や友だちの名前を作れる

⬆地元作家が手作りした魚模様のかわいい小皿

€21.34～

€32

1.所狭しと作品が並ぶ。タイルは壁掛けとしても 2.ガラス張りで外からも商品が見える 3.まるで美術館かギャラリーのよう

➡グエル公園にあるガウディのトカゲのレプリカ

ホーム雑貨と彫刻を取り揃える
リヤドロ
Lladró
アシャンプラ MAP 付録P.12 C-2

1953年設立の磁気メーカー。繊細な作りと優しい色づかいが魅力の人形や壺が特に有名だが、近年はホーム雑貨やジュエリー、また現代的な装飾品にも力を入れている。彫刻のなかには数万ユーロするものもあり、シャンデリアやランプなどの照明用のアイテムも多数ある。

☎93-2701253 Ⓜ3・5号線Diagonalディアゴナル駅から徒歩1分 🅟 Passeig de Gràcia 101 🕐10:00～20:30 🈑日曜

1.白い陶器の作品や彫刻もある 2.ロサンゼルスの作家ゲイリー・ベースマンがデザインしたゲストモデル 3.お店はグラシア通りに

キッチン＆ホーム雑貨が揃う
カサ・ビバ
Casa Viva
アシャンプラ MAP 付録P.12 C-3

シンプル・軽量で使いやすい自社ブランドのキッチン用品のほか、国内外のメーカーのデザイン雑貨を揃える。リビングやバスルーム用品といった小物や雑貨のほか、ワゴンやテーブル、椅子などの家具も置いている。

☎93-4960648 Ⓜ2・3・4号線Passeig de Gràciaパセッチ・デ・グラシア駅から徒歩3分 🅟 Rambla de Catalunya 41 🕐10:00～21:00 🈑日曜

1.地元カタルーニャ発のチェーン店。市内にほかにも店舗あり

SHOPPING 05 COSMETIC

ナチュラルだから安心して使える
高品質のコスメが手に入る5店

さすがスペイン。オリーブオイルを使ったコスメが主流。
自然派で質の高い商品を並べている店を厳選しました。

最高品質オリーブオイルアイテム
オロ・リキッド
Oro Liquido
ゴシック地区 MAP 付録P.14 C-2

最高品質のオリーブオイルを扱う専門店で、オリーブオイル化粧品の品揃えも豊富。ずらりと並ぶクリームやオイルを試してみると質の良さにため息が出る。お手ごろ価格のものから高級なものまでさまざまな種類があるので、予算に合わせ選ぶことができる。
▶P.134

最高のエキストラバージンオイルが見つかるかも

↑オリーブに関する知識も豊かで、オイルのテイスティングなどの講座を開くこともある

1. ハンド＆ネイルのクリームはお店の売れ筋 2. お肌にやさしいオリーブオイル由来の石鹸 3. 顔用保湿クリーム

オリーブオイルのコスメならここ
オリマール
Olimar
ボルン地区 MAP 付録P.15 D-2

オリーブオイル製品ならここ、と地元の人もオススメのお店。奥にあるコスメコーナーでオリーブオイル由来の石鹸やクリームなどが種類豊富に揃う。ラベンダーやハニーなど自然の素材をベースにした商品もある。店員はフレンドリーなので、気になる商品は気軽にお試しをお願いしてみよう。
▶P.134

オリーブオイルやチョコレート、ワインが揃う

↑オリーブオイル製品に特化している

コスメも扱うオリーブオイル専門店
ラ・チナタ
La Chinata
ボルン地区 MAP 付録P.15 E-3

高品質のオリーブオイルを扱う専門店。オリーブオイルをベースとした化粧品類を数多く置き、厳選された品物を手の届く価格で販売しており、おみやげにできるものもいろいろと見つけられる。店員は知識が豊富でとても親切。

▶P.135

€9.90

オリーブオイル由来のナイトリペアオイル

植物由来のコスメやシャンプーがいっぱい

免税店なみの品揃えが自慢
ドゥルニ
DRUNI
アシャンプラ MAP 付録P.12 B-4

女性・男性用の化粧品や香水、またヘア・アクセサリーやサニタリー用品などがたくさん。ベビー用品もある。格安チェーン店ながら安価なブランドから高級品まで、ひと通りの製品を取り扱っていて市内各所に店舗がある。

☎663-053-676 ⓂM 1・2号線 Universitatウニベルシタト駅から徒歩1分 所 C. Pelai 7 営9:00〜21:00 休無休

バルセロナのあちこちで見ることができる

天然成分100%だけを厳選こだわり
アマポーラ・ビオ・コスメティックス
Amapola bio Cosmetics
ボルン地区 MAP 付録P.15 D-3

化学成分やパラベンを使用しない、天然素材のスペイン製化粧品。石鹸、クリームなど、肌と髪のケアのほか、ベビー用品や天然素材の日焼け止めも。自然の素材にこだわり、香料も天然のものを使用している。

☎93-5131292 ⓂM 4号線 Jaume Iジャウマ・プリメール駅から徒歩2分 所 C. Boria 20 営11:00〜15:00、16:00〜20:00 休日曜

香料も天然のものを使用している

€26

アルマ・デ・アルガン（アルガン油の美容液）

€17.90

オレンジの花とラズベリークリーム、ヒアルロン酸入り目元美容液

最高の美しさを求める美の神殿
アルキミア・ストア&スパ
Alqvimia Store & Spa
アシャンプラ MAP 付録P.12 C-4

基礎化粧品やケア製品から、エッセンシャルオイルやアロマテラピー製品まで、オリジナル製品を揃える。男性、ベビー用品も豊富。販売のほか、製品のお試し、またワークショップなども行っている。

☎93-4817132 ⓂM 2・3・4号線 Passeig de Gràciaパセッチ・ダ・グラシア駅から徒歩5分 所 Rambla de Catalunya 24 営10:00〜21:00 休日曜

バストアップオイルとグラマラスバストオイル

市内にも支店を構える人気店

コスメという店名のとおり自然由来のコスメがたくさん

05 高品質のコスメが手に入る5店
ショッピング

SHOPPING 06 MARKET

バルセロナの市場は、歴史は古いが改装を重ねて清潔な印象

マーケットで買い物&つまみ食い

旅に出ると、どんな街でも市場に寄りたくなるのはなぜだろう。なんだかわくわくしてくる。人々で賑わって、街の生活がリアルに息づき、旅行者にはお祭り広場みたいな感じなのだ。

新鮮野菜、卵、チーズなど、地元の生産者が出店し、ふだんの生活に欠かせないさまざまな食料品が売られている

鮮やかな曲線の屋根が映えるボルン地区の屋内市場

サンタ・カタリーナ市場
Mercat de Santa Caterina
ボルン地区 MAP 付録P.15 D-2

19世紀の終盤から営業している、カテドラルの近くにある市場。改装時に作られた特徴的なカーブを描くカラフルな屋根が目を引く。市場内には、オリーブオイルの専門店「オリスオリーバ(→P.135)」や、地元料理が美味しい「バル・ジョアン(→P.102)」が入っている。

☎93-3195740 交M4号線 Jaume Iジャウマ・プリメールから徒歩5分 所 Avinguda de Francesc Cambó 営7:30～15:30（火・木・金曜は～12:30）休日曜

鮮やかな色の屋根が目印

見慣れない野菜や果物は見ているだけでも楽しい

➡農場直送ヤギのチーズ Bonde d'Antan（1個€3）パンにつけて食べるとおいしい

⬇さまざまな種類のチーズがずらりとウインドーに並ぶ

130

ニノット市場
Mercat del Ninot

アシャンプラ MAP 付録P.12 A-2

19世紀後半から自然発生的に形成され、その後、正式に現在の場所に置かれるようになった市場。1933年からは屋内の市場となり、その後改修工事を経て2015年に再出発。食料品のほか、レストランやバルが多く入っており、地元料理などを味わうことができる。

☎93-3234909 ✈5号線Hospital Clínicオスピタル・クリニック駅から徒歩5分 🅿C. Mallorca 133-157 ⏰8:00〜21:00(土曜は〜15:00) 休日曜

入口の人形は、かつては市場内の食堂が所有していたが、その後市場のシンボルとなった。名称の「ニノット」も人形を意味する

入口のシンボル人形に挨拶　地元民が通う市場

通路は広々としており、のんびりと楽しめる

➡入口近くにある人気店「La Medusa73」

➡フルーツを買ってビタミン不足を解消するのもあり

➡別名グルメ市場ともいわれるほど、飲食店は充実

サン・アントニ市場
Mercat del Sant Antoni

サン・アントニ MAP 付録P.9 D-2

1882年から続く古い市場。長年の改修工事を終えて2018年に営業再開。市内でも最大規模の市場で食料品のほか、衣料雑貨も置く。日曜には古本中心との市が立つという、週7日間固定で営業を行う市内唯一の市場でもある。

☎93-4263521 ✈2号線Sant Antoniサン・アントニ駅から徒歩すぐ 🅿C. Comte Urgell 1 ⏰8:00〜20:30 休日曜

赤い壁が美しい　庶民の市場

ハムもさまざまな種類が食べられる。希望の部位やブランドを頼んでカットしてもらうこともできる

周辺には遊歩道も整備され、散歩にも最適

農場直送のさまざまな大きさや色の新鮮な卵を扱う卵専門店。大きなエミューの卵も

ショッピング

06 マーケットで買い物&つまみ食い

131

SHOPPING 07 DEPARTMENT STORE & SUPER MARKET

ばらまき用に、自分用に、たくさん見つけたい

デパート&スーパーで、喜ばれるおみやげ探し

手ごろな価格でたくさんのおみやげを手に入れたいなら、
デパ地下やスーパーを探すのが、いちばんの近道。

甘党の方へ
Sweets
伝統菓子や、ガウディモチーフのクッキーなど。バルセロナらしいアイテムが◎。

料理好きの方へ
Foods
パエーリャの材料や素、調味料、アンチョビなど、スペインの味を日本でも味わおう。

← カタルーニャの特産 アーモンドで作られるカタニアというお菓子 €4.35

€2.95

サフランはスペインでも高価。ケース入りのものはカウンターで頼んで出してもらう

€2.95

→ ぱっとふりかけてパエーリャが作れるパエーリャの素

↑ クレマ・カタラーナ味のトゥロン €3.55

→ おうちでもパエーリャを作ってみたい。サフランパウダー

↓ 食べきりの量の缶詰オリーブ

€2.49 ← チュロスにつけるチョコ

€2.23

€2.95

€2.25

← サグラダ・ファミリアで買い忘れたら、ガウディデザインのクッキーをここで €3.35

€4.77

↑ チンして食べられるパエーリャ

伝統の菓子のトゥロン。クリスマス菓子だが一年中購入可能。いろいろな味がある

↓ ウナギの稚魚だが、すり身なので安価

各€3.30

→ 本場のアンチョビを日本で

€0.64 → 食べきりパックのオリーブ

最強の品揃え、世界の商品が集まる「百貨店」

エル・コルテ・イングレス
El Corte Inglés
アシャンプラ MAP 付録P.14 C-1

カタルーニャ広場に隣接するデパート。一流ブランドが勢揃いし、アパレルや化粧品だけでなくキッチン用品や雑貨も幅広く扱う。地下にはデパ地下さながらの食品売り場やドラッグストアがあり、国内外の高級グルメ商品から日常的な食品まで、盛りだくさんに取り揃えている。

☎93-3063800 Ⓜ1・3号線Catalunyaカタルーニャ駅から徒歩1分 所Plaça de Catalunya 14 営9:30〜21:00 休日曜

メトロ駅も目の前にあり、入口も目立つのですぐにわかる

132

ショッピング

07 デパート＆スーパーで喜ばれるおみやげ探し

ランブラス通りの大型スーパー
カルフール
Carrefour
ラバル地区 MAP 付録P.14 B-2

市内中心街では最大のスーパーマーケットのひとつ。広いフロアに多くの食料品と日用雑貨が並ぶ。現地の食品をおみやげにしたい人は要チェック。ただし、時間帯によっては混み合うことがあるので、朝早く、または食事の時間帯などを狙うのがおすすめ。

☎91-4908900 Ⓜ1・3号線Catalunyaカタルーニャ駅から徒歩2分 🏠Rambla de los Estudios 113 ⏰8:30～21:00 休日曜

日用品と食品が中心ですぐに食べられるサンドイッチ類もある

→高麗ニンジンのシャンプー €11.84

→タラゴナのメーカーのプロポリス石鹸 €3.60

→アーモンドの花のオイル系モイスチャライザー €10.30

街のコンビニという形容がぴったりの外観

深夜2時まで営業の現地のコンビニ
スーペルコル・エクスプレス
Supercor Expres
アシャンプラ MAP 付録P.7 F-4

エル・コルテ・イングレス系列のチェーンで、夜遅くまで開いている店。食料品から本やおもちゃなどの雑貨まで取り揃えた、まさにコンビニ的な存在。食料品は一般ブランドの商品と、エル・コルテ・イングレスの自社ブランド品を置いている。

☎993-4335234 Ⓜ2・5号線Sagrada Familiaサグラダ・ファミリア駅から徒歩2分 🏠C. Marina 304 ⏰8:00～翌2:00 休無休

庶民向けの格安スーパーチェーン
メルカドーナ
Mercadona
アシャンプラ MAP 付録P.13 E-3

自社ブランドを中心に販売する格安スーパーチェーンのひとつ。食料品と洗剤などの生活用品全般にひととおり扱う。旅行中の飲み物やスナックの調達に利用できる。また、キッチン付きのアパートホテルに滞在する場合にも便利。

☎93-2725586 Ⓜ2号線Tetuanテトゥアン駅から徒歩7分 🏠Concell de Cent 366 ⏰9:00～21:00(火曜は～19:30) 休日曜

→ツナの缶詰 €3.35

買い物籠のマークが目印

ワインも全体的に安価なのでちょっと部屋飲みしたいときに便利

→マンテカド(クリスマス菓子)は重さで買えておみやげにぴったり €3.5/1kg

→サーディン(イワシ)の缶詰 各€1

133

SHOPPING 08 ORIVE OIL

さまざまなアイテムがあるオリーブオイル専門店
オリーブオイルもびっくりするほど多彩

オリーブもいろいろあって、土地や気候により品質も変わります。当然オイルも違います。
エキストラバージン・オリーブオイルだってさまざまなんです。お店の人に相談しておみやげに！

→コンセプトにぴったりのショーウインドーもナチュラルでセンスあふれるお店

←ここだけでしか買えないワインもあり、ワイン好きにはたまらない

自然農法のエキストラバージン・オリーブオイル

口当たり滑らかエキストラバージンオリーブオイル

→自分用のおみやげにもピッタリのボトルがかわいいオリーブオイル

←棚にぎっしりと並んだオリーブオイルはそれぞれに風味が異なる銘品ばかり

オイル・コンセプトとグルメ商品のお店
オリマール
Olimar
ボルン地区 MAP 付録P.15 D-2
オリーブオイルだけでなくさまざまなグルメアイテムが揃うお店。食用のオリーブオイルは極めて高品質な品揃え。ワインやチョコレートなど地元グルメ商品も必見。

☎93-3193500 Ⓜ1・4号線Urquinaonaウルキナオナ駅から徒歩3分 🏠C. Sant Pere Més Alt 24 🕙10:00～20:30 休無休

最高品質のエキストラバージン・オリーブオイル
オロリキッド
Oro Liquido
ゴシック地区 MAP 付録P.14 C-2
オリーブオイルの概念を覆すような最高の風味のエキストラバージン・オリーブオイルが見つかる店舗。知識豊富なお店で、テイスティング講座も開催されるので要チェック。

☎93-3022980 Ⓜ3号線Liceuリセウ駅から徒歩3分 🏠C. Palla 8 🕙10:30～20:15 日曜11:30～19:00 休無休

ショッピング

08 オリーブオイルもびっくりするほど多彩

木を基調にした美しい店内も必見。洗練された雰囲気

➲ 目移りしてしまう品揃え。地元の人たちも御用達なので価格もリーズナブル

見た目も楽しいハーブを漬け込んだオリーブオイル

芳醇な香りが珍しいオレンジの木の燻製オイル

➲ おみやげにぴったりの小瓶入りオリーブオイルは種類豊富で2€〜

➲ 上質のオイルとユニークな味わい、ボトルもカワイイ

何でも知っている店員さんにいろいろ質問してみよう

お手軽価格で高品質オリーブオイルが買える

ラ・チナタ
La Chinata
ボルン地区 MAP 付録P.15 E-3

古い石壁が印象的なお店。厳選された高品質の商品が並び地元の人にも人気のグルメ専門店。オリーブオイルのほかにオリーブのペーストやフレーバー・オイル、コスメも揃う。

☎93-5417444 Ⓜ4号線 Jaume Iジャウマ・プリメール駅から徒歩5分 ㊝ Passeig del Born 11 ⓘ10:00〜21:00 日曜12:00〜19:00 ㊡無休

サンタ・カタリーナ市場の専門店

オリスオリーバ
Olisoliva
ボルン地区 MAP 付録P.15 D-2

質の良いオリーブオイルのほかにハーブやビネガー、塩などの調味料を販売。味見ができる商品もありおみやげにぴったりの小瓶もあるので市場に行ったら立ち寄りたい。

☎93-2681472 Ⓜ4号線 Jaume Iジャウマ・プリメール駅から徒歩5分 ㊝ C. Francesc Cambó 16(サンタ・カタリーナ市場内) ⓘ9:30〜15:00(火・木曜は〜19:00、金曜は〜20:30) ㊡日曜

SHOPPING 09 FOODS

まずはお店でちょっと食べてみて！ゼッタイおみやげにしたくなる！

郷土色豊かなお菓子&食品を選ぶ

カタルーニャは豊かな土地だから、お菓子や食品の材料も豊富に採れる。
だからバルセロナには、昔から伝わる伝統的な製法でできたモノが多い。

伝統と独創の老舗お菓子店
トゥロンス・ビセンス
Torrons Vicens
ゴシック地区 MAP付録P.14 B-2

1775年創業の老舗菓子店。市内各所に支店があり伝統的な味わいだけでなく独創的でひと味変わったトゥロンもある。有名シェフとのコラボ商品や抹茶味も。

☎93-3043736 ㊋M3号線Liceuリセウ駅から徒歩3分 ㊟C. Petritxol 15 ⓗ10:00～21:00 ㊡無休

↑手作りの味が自慢です。味見もしてください

1. 国産アーモンドだけをたっぷり使用 2. 薄い生地でサンドしたトゥロン・アグムラント 3. 150種類もの品揃え 4. ソフトとハードタイプ、味も豊富！

1890年開業の家族経営店
トゥロン・ラ・カンパーナ
Torrons La Campana
ボルン地区 MAP付録P.15 E-3

トゥロンやポルボロンなどクリスマスのお菓子が一年中買える老舗店。上質の材料で変わらぬ味を作り続けるお店では、期間限定でアイスクリームも食べられる。

☎93-3197296 ㊋M4号線Jaume Iジャウマ・プリメール駅から徒歩4分 ㊟C. Princesa 36 ⓗ10:00～21:00※季節により変動あり ㊡無休

↑変わらない味を守り続ける家族経営の老舗

1. ホロホロとくずれるポルボロン 2. クリスマスに欠かせないお菓子も 3. トゥロンの3フレーバー詰め合わせ 4. 4種類の詰め合わせは€8.80～

ドライフルーツとナッツの店
カサ・ジスペール
Casa Gispert
ボルン地区 MAP付録P.15 D-3

ドライフルーツとナッツのお菓子や加工品を取り揃える地元の老舗。美しいパッケージと品質の良さはおみやげにもおすすめ。散歩中のおやつとして持ち歩くのも。

☎93-3197535 ㊋M4号線Jaume Iジャウマ・プリメール駅から徒歩4分 ㊟C. Sombrerers, 23 ⓗ10:00～20:30 ㊡日曜

↑種類豊富なドライフルーツとナッツは圧巻

1. おやつにぴったりの瓶入りナッツ 2. キャラメルコーティングが人気 3. ヘルシーなスナックタイムのお供 4. お気に入りのナッツ瓶を持ち帰ろう

ショッピング

09 郷土色豊かなお菓子&食品を選ぶ

日本でも大人気のショップ！
パパブブレ
Papabubble
ゴシック地区 MAP 付録P.14 C-4

店舗で飴づくりの見学が楽しい人気のキャンディはここバルセロナが発祥。おいしくて楽しい、ここでしか買えないフレーバーやデザインを探しに訪れてみたい。

☎93-2688625 交M3号線Liceuリセウ駅から徒歩3分 所Banys nous, 3 営10:00～14:00 16:00～20:30 土曜10:00～20:30 休日曜

↑カラフルでポップなキャンディがいっぱい！

1.袋入りキャンディは食べ歩きにも 2.見た目で選んでもおいしさ保証つき 3.ふたを開けた途端に歓声が上がる 4.キュートないろどりにワクワクする

地元産グルメ食品が勢揃い
セクレツ・デル・メディテラニ
Secrets del Mediterrani
アシャンプラ MAP 付録P.15 F-1

バルセロナとカタルーニャ地方の特産グルメ食品店。バル・レストランを併設しているので気になるものは食べてみるのもいいかも。

☎93-5160581 交M1号線Arc de Triomfアルク・デ・トリオンフ駅から徒歩3分 所C. Sant Joan 28 営10:30～24:00 日曜11:30～17:30 休無休

↑バル・レストランでは地元の食事ができる

1.パッケージがカワイイ！塩こしょう 2.お米専用の調味料も試してみたい？ 3.カタルーニャ特産のチョコレート菓子カタニアス

タパスの味を持ち帰りたい！
エントレ・ラタス
Entre Latas
アシャンプラ MAP 付録P.7 D-3

グルメ瓶詰や缶詰などの保存食やオイルを扱うセレクトショップ。選りすぐりのペーストやソース、ワインやビールも揃う。タパスで食べたあの味を探してみよう。

☎93-0154725 交M4号線Joanicジョアニック駅から徒歩6分 所C. Torrijos 16 営11:00～14:30 18:00～21:00 日曜11:00～15:00 休月曜

↑明るい店内に高級な瓶詰や缶詰がいっぱい

1.パッケージ買いしてしまいそうなかわいさ 2.日本人好みのタコのオリーブ油漬け 3.焼きイワシのオリーブオイル漬けは€12.50

137

SHOPPING 10 CHOCOLATE

バルセロナといえば！ スペインとチョコレート 甘い関係

ヨーロッパで初めてチョコレートが伝えられたスペイン。本場の地でチョコレート文化にちょこっとふれてみよう。

↑世界展開するスペイン王室御用達のチョコ

バルセロナ発の手作りチョコレート
カカオ・サンパカ
Cacao Sampaka
アシャンプラ MAP付録P.12 C-3

香り高いチョコレートを化学調味料や香料、色素を使用せずに練り上げて作る数々の製品。基本の板チョコからハーブを練り込んだチョコレートまで、数多くのフレーバーが人気で、日本にも出店している。

☎93-2720833 交2・3・4号線Passeig de Gràciaパッセッチ・デ・グラシア駅から徒歩3分 所C. Consell de Cent 292 営9:00〜21:00 休日曜

↑好きなチョコレートを詰め合わせてくれる

↑一番人気のフルーツチョコレート詰め合わせ

↑セルフサービスのカフェで軽食も楽しめる

欧州最古のチョコレートブランド
ファボリット・カサ・アマトリェール
Faborit Casa Amatller
アシャンプラ MAP付録P.12 C-3

「チョコレート・アマトリェール」は、この邸宅に暮らしたアントニ・アマトリェールが生んだ老舗。地上階のカフェテリア内にショップがある。軽食もあり、パティオのテラス席も快適。

☎93-4673643 交M2・3・4号線Passeig de Gràciaパッセッチ・デ・グラシア駅からすぐ 所Passeig de Gràcia 41 営8:00(土・日曜、祝日8:30)〜21:00(金曜は〜22:00、日曜、祝日は〜21:30) 休無休

↑美しい邸宅内にある店舗

↑パッケージデザインがカワイイ小箱入りのチョコレートはおみやげの定番

↑アルフォンス・ミュシャのパッケージがおすすめ！

↑種類が豊富！お気に入りの絵柄と味を見つけたい

チョコレート文化に気軽にふれる
チョコレート博物館
Museu de la Xocolata
MAP付録P.15 E-3

入場券が板チョコレートになっている博物館。堅苦しいイメージとは異なり、工夫を凝らした展示でチョコレートの歴史やチョコレートでできた芸術的なオブジェ、おもしろい像など見飽きない。併設ショップは充実の品揃え。

☎932-687878 交M3号線Jaume Iジャウマ・プリメール駅から徒歩6分 所C. Comerc 36 営10:00〜19:00(日曜、祝日は〜15:00) 休無休

↑チョコレート博物館のイニシャルロゴmxが付いたオリジナル商品

↑おいしそうでキュートなチョコレート

↑芸術的に美しいチョコレートのお菓子

↑ここで有名なのが国旗のパッケージの板チョコレート

ランブラス通りを歩き、海沿いを歩き、丘にも上って
歩いて楽しむバルセロナ
Area Walking

バラエティあふれる街並み

時間に余裕のない旅行者には
この街はとても忙しい滞在になります！
ガウディをたどるだけでも大変。
ピカソやミロの美術館だってハズせない。
もちろん、ランブラス通りなどは
ゆったりと歩きたい……。

Contents
- ゴシック地区　▶P140
- ホルン地区　▶P142
- ラバル地区　▶P144
- グラシア通り周辺　▶P146
- バルセロネータ　▶P148
- モンジュイック　▶P150

AREA WALKING 01 BARRI GÒTIC

旧市街の中心に立つ、カタルーニャ・ゴシックの大寺院

美しい建築が待つバルセロナの中心
ゴシック地区
Barri Gòtic

旧市街の目抜き通りであるランブラス通りの東側に広がるエリア。重厚なカタルーニャ・ゴシック建築が立ち並び、迷路のような石畳の路地とともに歴史情緒満点。
MAP 付録P.14-15

バルセロナで最も歴史の古い地区
ゴシック建築の中世の街並みを散策

ランブラス通りとライエタナ通りに挟まれるゴシック地区は、旧市街でも特に中世の面影が色濃いエリア。なかでも目を引くのが、壮麗な姿で魅了するカテドラル(大聖堂)。このカテドラルの周辺に見どころが多い。すぐ隣の王の広場は、コロンブスが新大陸発見後にスペイン女王に謁見した地。王の広場に面した市歴史博物館では、地下に残るローマ時代の遺跡を見学できる。ゴシック地区は、紀元前20年ごろに最初に街が建設されたバルセロナ発祥の地だ。サン・ジャウマ広場は、ローマ時代も今も街の中心。行政機関のレトロ建築が広場に面して立つ。ゴシック地区にはアンティークな老舗専門店も多いので、寄り道しながら散策したい。

↑古き良き街並みを散策しに行こう

アクセス

- Ⓜ 1・3号線カタルーニャ駅
- Ⓜ 3号線リセウ駅、ドラサーネス駅
- Ⓜ 4号線ジャウマ・プリメール駅、ウルキナオナ駅

ネオ・ゴシック様式のカテドラル
カテドラル
Catedral de Barcelona
MAP 付録P.14 C-2

起源は原始キリスト教の時代に遡り、13歳で殉教したバルセロナの守護聖女が眠る。1450年にゴシック様式の教会が建てられ、1888年のバルセロナ万博の際にファサードが増築された。
☎93-3428262 Ⓜ4号線Jaume Iジャウマ・プリメール駅から徒歩3分 ⓟPla de la Seu s/n 働12:30〜19:45(最終入場19:15) 土曜12:30(日曜14:00)〜17:30(最終入場16:45) 働無休 働€7、屋上€3 www.catedralbcn.org

↑重厚な大聖堂には、28もの礼拝堂が並ぶ

ローマ時代の生活に思いを馳せる
バルセロナ市歴史博物館
Museu d'Historia de la Barcelona
MAP 付録P.15 D-2

15世紀末の貴族の館を利用した博物館の地下には古代ローマ時代の遺跡が広がる。当時のローマ人たちの暮らしを知れる遺跡内を歩いてまわれる。
☎93-2562100 Ⓜ4号線Jaume Iジャウマ・プリメール駅から徒歩4分 ⓟPlaça del Rei 働10:00〜19:00(日曜は〜20:00) 働月曜 働€7 ajuntament.barcelona.cat/museuhistoria/en

↑地下1階にはローマ時代の公衆浴場や水路、ワインの蔵などが残る

歩いて楽しむバルセロナ

01 ゴシック地区

アートのほか私物や書簡なども
ガウディ・エキシビション・センター
Gaudí Exhibition Center
MAP 付録P.14 C-2

近年改装されたバルセロナ教区博物館内に新設された展示スペース。ガウディの作品や生涯に関する展示物が豊富で、ガウディの作品世界の理解を深めることができる。

☎93-2687582 交M4号線Jaume I ジャウマ・プリメール駅から徒歩3分 所Pla de la Seu 7 時10:00〜19:00 休無休 料€15、バーチャルリアリティ体験€2

↑コロニア・グエル教会の完成模型

宗教芸術から日常的な雑貨まで
フレデリク・マレス美術館
Museu Frederic Marès
MAP 付録P.15 D-2

1991年に99歳で没したカタルーニャ出身の彫刻家が集めた膨大なコレクションを展示。彫刻や宗教美術などのほか、ローマ時代の遺物などもあり、おびただしい数の骨董品に圧倒される。

☎93-2563500 交M4号線Jaume I ジャウマ・プリメール駅から徒歩3分 所Plaça de Sant Iu 5-6 時10:00〜19:00 日曜・祝日11:00〜20:00 休月曜(祝日を除く)、1/1、5/1、6/24、12/25 料€4.20(日曜の15:00以降、第1日曜は無料) HP www.museumares.bcn.es

↑かつての王宮を利用した建物も魅力的

AREA WALKING 02 EL BORN

ピカソの初期と晩年の作品を展示するピカソ美術館

#カタルーニャ音楽堂

#サンタ・カタリーナ市場

観光スポット充実で見どころ満載!
ボルン地区
El Born

バルセロナの南の海に近い位置にある、旧市街の東側一帯のエリア。美しい街にはおしゃれなショップが並び、名建築の観光と合わせてショッピングが楽しめる。
MAP 付録P.14-15

美しい教会がたたずむレトロな街でトレンドショッピングとグルメを満喫

味わいある中世の街並みにモダンなブティックやカフェが混在したおしゃれなエリア。地元クリエイターやデザイナーたちの最新ファッションや個性派雑貨が揃い、居心地のよいバルやレストランも通りに並ぶ。点在する観光スポットを見学しながら、ショッピングやグルメを満喫したい。華やかな街のシンボルが、サンタ・マリア・デル・マル教会。中世には教会一帯が海辺に位置し、航海の安全を祈る場であった。教会の西には、多くの観光客で賑わうピカソ美術館。教会の北には、18世紀の地下遺跡を展示するボルン・カルチャー・センターがあり、9世紀の屋根付き市場を活用した鉄とガラスの建築自体も見応え十分。サンタ・カタリーナ市場ではグルメみやげが手に入る。

↑観光スポットの散策を楽しみつつ、おしゃれなカフェでひと休みしたい

アクセス

Ⓜ️4号線ジャウマ・プリメール駅、ウルキナオナ駅、バルセロネータ駅

航海の安全を祈願する教会
サンタ・マリア・デル・マル教会
Basílica de Santa María del Mar
MAP 付録P.15 D-3

創建当時はこの教会の近くに海岸線があり、「海のカテドラル」という名を持つ。1936年の火災によって祭壇などが焼けてしまったが、見事なステンドグラスは健在だ。
☎93-3102390 Ⓜ️4号線Jaume Iジャウマ・プリメール駅から徒歩4分 ⌂Plaça de Santa Maria, 1 ⏰9:00～13:00、17:00～20:30 日曜10:00～14:00、17:00～20:00 休なし 料無料、屋上へのガイド付きツアー€10 HP www.santamariadelmarbarcelona.org

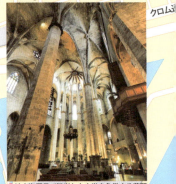

↑地中海貿易で繁栄した中世を象徴する華麗な装飾で魅了する

#チョコレート博物館

#バルセロナ凱旋門

1700年代の街並みを見る
ボルン・カルチャー・センター
El Born Centre de Culture
MAP 付録P.15 E-3

約100年の歴史がある市場の跡地に1700年代の遺跡が発見され、これを見学できるよう整えられた施設。スペイン・フランス連合軍に支配される前の街の様子が見て取れる。

☎93-2566851 交 M 4号線Jaume Iジャウマ・プリメール駅またはBarcelonetaバルセロネータ駅から徒歩7分 所Plaça Comercial 12 営10:00～20:00(10～2月の火～土曜は～19:00、12/26は～14:30) 休月曜(祝日の場合は開館)、1/1、5/1、6/24、12/25 料遺跡見学は無料、展示€3、ガイドツアー€4 URL elborncentrecultural.bcn.cat

↑ビールメーカーのモリッツが経営するバルが併設されている

ボルン通り
Passeig del Born
南北に200mほど延びる石畳の通り。街路樹がトンネルのようになっていて、季節ごとに違った顔を見せる

#シウタデリャ公園

動物とのふれあいで童心に返る
バルセロナ動物園
Zoo Barcelona
MAP 付録P.15 F-4

広大な敷地には300種、2000匹以上の動物がいる。低い柵で囲まれて飼育されているため、動物との距離が近い。

↑世界唯一の白ゴリラがいたことでも知られる

☎93-7065656 交 M 4号線Ciutadella Vila Olímpicaシウタデリャ・ヴィラ・オリンピカ駅から徒歩5分 所Parc de la Ciutadella 営10:00～17:30(3月中旬～5月中旬は～19:00、5月中旬～9月中旬は～20:00、9月中旬～10月下旬は～19:00) 休無休 料€21.40 URL www.zoobarcelona.cat

歩いて楽しむバルセロナ
02 ボルン地区

143

AREA WALKING 03 RAVAL

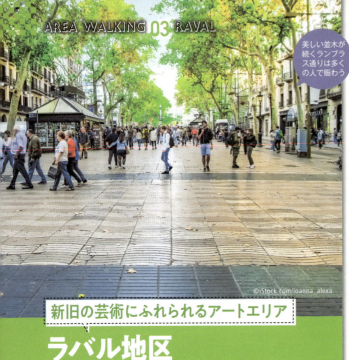

美しい並木が続くランブラス通りは多くの人で賑わう

#バルセロナ現代美術館（MACBA）

新旧の芸術にふれられるアートエリア

ラバル地区
Raval

ランブラス通りの西に広がるラバル地区は、おしゃれな街へと変化を続けているエリア。近年新たにアートスポットが誕生し、注目が集まっている。

MAP 付録P.14-15

注目のお店が増えてきた再開発地区
キュートな巨大猫に会いに行こう

　以前は治安の良くない地域といわれていたが、洗練されたショップやカフェ、レストランが徐々に増えてきた。エリアの北には、2棟の超モダンビルの最新アートスポットが誕生している。一方のバルセロナ現代美術館では、20世紀の西洋の現代芸術、もう一方のバルセロナ現代文化センターでは、バルセロナを代表する多彩な現代アートに出合える。ラバルのシンボル、巨大猫の「エル・ガトー」にも会いに行きたい。ヤシ並木の続くランブラ・デル・ラバル通りを飾るブロンズ像の猫。ぽっちゃりしたフォルムで愛されるフォトジェニックなオブジェだ。ラバルには今も治安のあまり良くない場所があるので、人けのない路地や夜の散策は控えたい。

↑ノウ・デ・ラ・ランブラに立つグエル邸は外観・内装ともに芸術的

アクセス

- Ⓜ1・2号線ウニベルシタト駅
- Ⓜ2号線サンアントニ駅
- Ⓜ3号線リセウ駅、ドラサーネス駅、パラレル駅

スペインの船と海軍の歴史を刻む
バルセロナ海洋博物館
Museu Marítim de Barcelona

MAP 付録P.14 A-4

13世紀に建築されたゴシック様式の王立造船所を1941年に博物館として開館。レパントの海戦で使われた全長60mの実物大のガレー船のレプリカは必見。

☎93-3429920 Ⓜ3号線Drassanesドラサーネス駅から徒歩5分 ⓐAv. de les Drassanes s/n 働10:00〜20:00 ⓐ1/1、1/6、12/25、12/26 ⓐ10€、日曜の15:00以降は無料 HP www.mmb.cat

↑歴史を動かしたレアール号は迫力満点

AREA WALKING 04 PASSEIG DE GRÀCIA

ブティックや銀行などが並ぶ華やかなグラシア通り

モデルニスモ建築の宝庫を散策
グラシア通り周辺
Passeig de Grácia

#アントニ・タピエス美術館

カタルーニャ広場の北に広がる新市街。グラシア通り一帯にはカサ・ミラ（ラ・ペドレラ）、カサ・バトリョをはじめとした150近いモデルニスモ建築の建造物が立ち並ぶ。

MAP 付録P.12-13

洗練されたショッピングストリート ガウディらの独創的な建築も堪能

　カタルーニャ広場から北西に延びるグラシア通りは、バルセロナ随一の高級ショッピングストリート。ヨーロッパの一流ブランド店が優雅に軒を連ねている。通りをより華やかにしているのが、世界遺産に登録された近代建築の数々。パセッチ・ダ・グラシア駅の近くには、ガウディ、プッチ、モンタネールのモデルニスモ建築3巨匠の作品が美を競うように立ち並んでいる。色ガラスが鮮やかなガウディ作品のカサ・バトリョなど、内部見学もできるので繊細な屋内装飾を満喫したい。モンタネール作品、カサ・リュオ・モレラの1階にはスペインの皮革高級ブランド「ロエベ」が出店している。ディアゴナル駅の近くにあるガウディのカサ・ミラ（ラ・ペドレラ）にも注目。

↑波打つ外観が印象的なカサ・ミラ

アクセス

Ⓜ 1・3号線カタルーニャ駅
Ⓜ 3・5号線ディアゴナル駅
Ⓜ 2・3・4号線 パセッチ・デ・グラシア駅
Ⓜ 4号線ジローナ駅

バルセロナ大学 Universitat Central

1450年、アルフォンソ5世によって創立された名門大学。キャンパス内は自由に散策できる。

ラバル地区

146

歩いて楽しむバルセロナ

04 グラシア通り周辺

#ラス・プンシャス集合住宅

#テトゥアン広場

ディアゴナル大通り
Avinguda Diagonal
マス目状の区画に対して、街を斜めに横切る大通り。通り沿いにはホテルが多い

ガウディが作った模型をもとに壁面を刻んだことから「ラ・ペドレラ(石切場)」とも呼ばれる。

グラシア通り
Passeig de Gràcia
カタルーニャ広場から新市街を北に延びる通り

グラン・ビア・デ・レス・コルツ・カタラネス
Gran Via de les Corts Catalanes
グラシア通りと交差する大通り。沿道には1919年創業のクラシックホテル、エル・パレスなども立つ

147

AREA WALKING 05 LA BARCELONETA

ブリッジを渡ってポルト・ベイへ

バルセロナ港を巡る遊覧船

遊覧船ゴロンドリナス号
Las Golondrinas

MAP 付録P.9 E-4

☎93-4423106 交M3号線Drassanesドラサーネス駅から徒歩3分 飯チケットオフィスMoll de Drassanes s/n 飯チケットオフィス春・夏10:00～20:00、秋・冬は～17:00、運行時間は月とコースによって異なるのでHPで確認を 休無休 料40分コース€7.70、1時間30分コース€15.20

↑海から街並みを望むのも楽しい

遊覧船ゴロンドリナス号
Las Golondrinas

シーサイドのレジャースポットを遊ぶ

バルセロネータ
La Barceloneta

バルセロナきってのシーサイドエリア。大型複合施設のマレマグナム、バルセロナ水族館などのエンタメスポットやシーフード料理店が集まり、国内外のレジャー客で賑わう。

MAP 付録P.9

リゾート気分を楽しめるベイエリア ビーチで名店のパエーリャを堪能

地中海に三角に突き出すバルセロネータは、街の中心部から気軽に行けるビーチリゾート。1992年のバルセロナ・オリンピックの選手村建設を機に再開発された。人工ビーチが整備され、ホテルやクラブも集まり、夏には海水浴客で賑わう。ここの名物が、海の家風ビーチレストランのチリンギート。パエーリャの名店が多く、地中海を眺めながらシーフードが堪能できる。海沿いには心地よい遊歩道も整備されている。港の再開発で生まれたポルト・ベイは、ショッピングセンターやアミューズメント施設、おしゃれなレストランなどが集結する人気のレジャースポット。近くの桟橋からは遊覧船のゴロンドリナス号が運航しており、ベイエリアの風景を海上から満喫できる。

↑海辺に立つ港湾局は美しい建物

アクセス

M4号線バルセロネータ駅
M3号線ドラサーネス駅

#時計塔

#Wバルセロナ

↑展示は常設展と特別展と2種類ある

カタルーニャの歴史を紐解く
カタルーニャ歴史博物館
Museu d'Història de Catalunya
MAP 付録P.9 F-4

港の古い倉庫をリノベーションして1996年に開設された博物館。バルセロナの人々の祖国である"カタルーニャ"の歴史を先史時代から現代まで解説し、その独自性を伝えている。

☎93-2254700 ㊩4号線Barcelonetaバルセロネータ駅から徒歩3分 ㊐Plaça de Pau Vila 3 ㊙10:00〜19:00(水曜は〜20:00、日曜・祝日は〜14:30) ㊡月曜、1/1・6、5/1・18、6/1・・12/25・26 ㊋常設展€6、特別展€4、常設展+特別展€8

地中海の海洋生物に会える
バルセロナ水族館
Aquarium de Barcelona
MAP 付録P.9 F-4

4つのゾーンに約1万点を超える海洋生物を展示。大小のサメが遊泳する「ロセアナリ」と呼ばれる巨大な水槽のトンネルでは、水中散歩が楽しめる。

☎93-2217474 ㊩4号線Barcelonetaバルセロネータ駅から徒歩12分 ㊐Moll d'Espanya del Port Vell s/n ㊙10:00〜19:30(土・日曜は〜20:00) ㊡無休 ㊋€21 ㊋www.aquariumbcn.com

05 バルセロネータ
歩いて楽しむバルセロナ

旧港を再開発して誕生したレジャースポット。大型ショッピングセンター、マレマグナムや水族館など、見どころが多い。

↑幻想的な雰囲気に包まれた展示

ラバル地区 / 市庁舎 Ajuntament / リトゥラル通り / 4号線 Ligne 4 / フランサ駅 / バルセロネータ駅 / カタルーニャ歴史博物館 ★ / マレマグナム Maremabnum / ★バルセロナ水族館 / バルセロネータ市場 Mercat de la Barceloneta / Carrer de Ginebra / ラ・コパ・フマーダ La Cova Fumada / Carrer d'Andrea Dòria / Carrer de Sant Carles / Passeig de Salvat Papasseit / カン・マジョ Can Majó / 時計塔 Torre del Rellotge / ラ・マル・サラダ La Mar Salada / プラヤ・デ・ラ・バルセロネータ ★ / サン・セバスティア駅 / Passeig de Joan de Borbó / ジュアン・デ・ブルボ通り Passeig de Joan de Borbó 海沿いにおしゃれなシーフードレストランが軒を連ねる通り / W バルセロナ Hotel W Barcelona

↑地中海に面したリゾートで、夏の週末はたいへんな人出に

地中海のビーチでバカンス気分に
プラヤ・デ・ラ・バルセロネータ
Playa de la Barceloneta
MAP 付録P.10 A-4

18世紀に開発されたエリアで約2kmのビーチが続き、夏は海水浴やマリンスポーツのメッカ。シーフードレストランやバー、クラブも賑わう。

㊩4号線Barcelonetaバルセロネータ駅から徒歩5分 ㊐Playa de La Barceloneta

149

AREA WALKING 06 MONTJUÏC

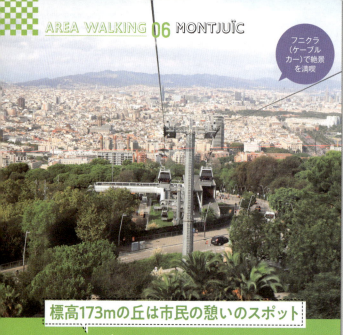

フニクラ（ケーブルカー）で絶景を満喫

#カタルーニャ美術館

#オリンピック・スタジアム

標高173mの丘は市民の憩いのスポット

モンジュイック
Montjuïc

カタルーニャ広場●
★
●シウタデリャ公園

市街地の西に広がる、豊かな緑に恵まれ、街と海を見晴らす丘。オリンピック・スタジアム、カタルーニャ美術館、モンジュイック城など多くの見どころが集まっている。

MAP 付録P.8-9

バルセロナ随一の眺望スポット
なだらかな丘の上に見どころが点在

モンジュイックは街の南西にある小高い丘。古くから防衛の要衝とされた歴史を持つ。1992年のバルセロナ・オリンピックではメイン会場となった。麓から山頂にかけて、オリンピック・スタジアムや文化施設、歴史スポットなどが点在。頂上には18世紀に建造されたモンジュイック城が立ち、テラスからバルセロナの街並みや地中海を一望できる。ロマネスク美術の豊富なコレクションを持つカタルーニャ美術館、スペイン各地の街並みを再現したスペイン村など、見どころ豊富なのでゆっくり時間をとって訪れたい。モンジュイックへは市バスでも行けるが、地下鉄パラレル駅からフニクラ（ケーブルカー）とロープウェイを乗り継げば、空中散歩を楽しみながら頂上へ行ける。

↑スペイン広場マジカ噴水

アクセス

Ⓜ1・3号線エスパーニャ駅から徒歩10分（マジカ噴水周辺）
Ⓜ2・3号線パラレル駅からフニクラ（ケーブルカー）を利用。パルク・デ・モンジュイック駅まで約3分

---

0 200m
Carrer de Badal

石器時代から古代のコレクション
カタルーニャ考古学博物館
Museu d'Arqueologia de Catalunya
MAP 付録P.8 B-2

先史時代を中心にギリシャ、ローマ時代の遺物や資料を所蔵し、ユネスコの世界遺産に登録されているアルタミラ洞窟の壁画が再現されている。
☎93-4232149 交3号線Póble Secポブレ・セック駅から徒歩10分 所Passeig de Santa Madrona 39 開9:30～19:00 日曜10:00～14:30 休月曜 料€5.50

バルセロナを見守るかつての城塞
モンジュイック城
Castell de Montjuïc
MAP 付録P.8 B-4

古くから要塞となり、1799年に現在の城が建てられた。1963年には軍の博物館となったが、現在はアートの展示やイベントなどが行われている。
☎93-2564440 交Ⓜ2・3号線Paral-lelパラレル駅からフニクラ（ケーブルカー）で10分 所Ctra. de Montjuïc 66 開10:00～20:00（11～2月は～18:00）休無休 料€5、毎月第1日曜と日曜の15時以降は無料
↓バルセロナを一望できる人気スポット

各地の建築物を集めたテーマパーク
スペイン村
Poble Espanyol de Montjuïc
MAP 付録P.8 A-2

1929年の万国博覧会の際に、スペイン各地の伝統的な建築物117点を集めた広大な野外建築博物館で、各地の文化にふれられる。

☎93-5086300 ⓜⓂ1・3号線Espanyaエスパーニャ駅から徒歩15分 所Av. Francesc Ferrer i Guàrdia 13 営9:00〜20:00（火〜木・日曜は〜深夜、金曜は〜翌3:00、土曜は〜翌4:00）休無休 料€14、オンライン予約€12.40

↑マヨール広場にはレストランがずらりと並ぶ

#ミロ美術館

一部はバルセロナ植物園となっており、日本では見られない植物なども生育している。

ポルト・ベイ地区とを結ぶロープウェイ。周辺はミラドール・デル・ポブレ・セック公園になっている。

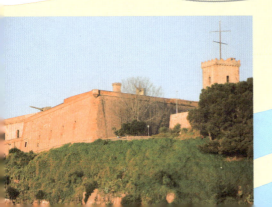

#ロープウェイ

06 モンジュイック

151

AREA WALKING 07　BARCELONA CITY TOUR

2つのルートでバルセロナの街をひとめぐり

バルセロナ・シティ・ツアー

バルセロナの主要観光スポットをつないで、2つのルートで運行される乗り降り自由な観光バス。どちらのルートも一周2時間～2時間30分。上手に活用して、快適に観光、街歩きを楽しみたい。

街全体の様子をつかむのにぴったりの観光バス

　市内のあちこちで目にする赤い車体の2階建て観光バス。東と西の2つのルートがあり、チケットの有効期間中には好きなとき、好きな場所で何度でも乗り降りできる。いずれのルートもカタルーニャ広場を出発点とし、東ルートは冬季にはルートが短縮される。時期によって異なるが、バスは7～25分ごとに運行されており、日本語のオーディオガイドもある。

チケットガイド

チケットは、カタルーニャ広場、サグラダ・ファミリア聖堂前などにあるブースで購入できるが、Webサイトからの購入であれば10％割引になる。12歳までの子ども、65歳以上のシニアは料金が割引になる。1日券、2日券のほか、観光スポットへの入場、ツアーなどがセットになったシティ・バスも販売されている。

バルセロナ・シティ・ツアー
Hop-on Hop-off
Barcelona City Tour
1日券 €30、2日券 €40
☎93-3176454　営9:00～20:00（夏季）9:00～20:00（冬季）休1月1日、12月25日　HP barcelona.city-tour.com

シティ・バス
3エクスペリエンス・トゥ・チューズ €85～
3 Experiences to choose

5エクスペリエンス・トゥ・チューズ €135～
5 Experiences to choose

サグラダ・ファミリア聖堂、モンセラット・ツアー、カンプ・ノウ・ツアーなどを含む20以上のスポットやツアー、アトラクションから、3つまたは5つを選んで、バルセロナ・シティ・ツアーと組み合わせて利用することができるチケット。有効期限は使用開始から7日間。一部のツアーには、追加料金が必要になる。

#9　#カタルーニャ美術館

152

歩いて楽しむバルセロナ

07 バルセロナ・シティ・ツアー

↑乗車すると市内の地図とルートの詳細が載ったパンフレットがもらえる

#12 #サン・パウ病院

#11 #サグラダ・ファミリア

↑道路事情にもよるが、西ルートは一周約2時間、東ルートは夏季のルートで一周約2時間30分(冬季のルートは一周約2時間)

↑東西どちらのルートもカタルーニャ広場が起点となる

↑チケットを販売しているブース

#7 #ボガテイ・ビーチ

153

本場のオペラやクラシック、フラメンコを体験！
バルセロナの劇場におでかけ

エンタメ産業が盛んなバルセロナ。さまざまな興行が開かれている。

建築と美術の街は劇場も充実
心を揺さぶるフラメンコもぜひ

音楽ファンが外せないのは、旧市街のリセウ大劇場とカタルーニャ音楽堂。華麗な空間でのオペラ、クラシック、バレエ鑑賞は、バルセロナの旅を彩る至福の時となる。サグラダ・ファミリアの南側、アシャンプラ地区にはカタルーニャ国立劇場などの現代的なホールが立ち、最新鋭の音響設備が評判だ。

本場のフラメンコは感動体験
ぜひ、タブラオに出かけよう！

アンダルシア地方発祥のフラメンコはスペインの大きな街でも鑑賞でき、バルセロナもしかり。フラメンコショーを楽しめるショークラブは「タブラオ」と呼ばれ、世界中から観光客が押し寄せる街だけに多種多様。劇場を改装した大型店、ディナー付きの店、若手ダンサーが中心の気軽な店など、目的と予算に応じて選べる充実度だ。

観劇ガイド
チケットの買い方

● インターネットで買う
劇場の公式HPから予約できるが、スペイン語と英語のみのところも多い。外国語対応が面倒な場合は、海外公演のチケットを扱う日本の代理店を利用するのもいい。タブラオも公式HPから予約でき、大型店などは日本語ページも設けている。クレジットカード支払いで比較的ラクに予約が可能だ。

● 劇場窓口で買う
リセウ大劇場やカタルーニャ音楽堂などの大劇場の窓口には通常、午前・午後ともに開いており、座席表を確認しながら購入できる。当日券は、公演日の開演1〜2時間前に窓口で販売するところが多い。タブラオは当日直接訪れても席がある場合がほとんどだが、予約をしておくほうが安心。前日までの予約で料金が安くなるケースもある。

ヨーロッパ指折りの音楽の殿堂
リセウ大劇場
Gran Teatre del Liceu
MAP 付録P.14 B-3

1847年開場のスペイン屈指のオペラハウス。内部は豪華絢爛な馬蹄形の劇場空間が広がり、オペラに加え、バレエ公演なども楽しめる。
www.liceubarcelona.cat

大がかりなフラメンコを楽しめる
テアトル・ポリオラマ
Teatre Poliorama
MAP 付録P.14 B-2

ランブランス通りの小劇場。ガラやオペラ風など、旅行者向けフラメンコが評判。
www.teatrepoliorama.com

音響が抜群のシンフォニーホール
オーディトリ・デ・バルセロナ
Auditori de Barcelona
MAP 付録P.10 C-2

現代スペインの名建築家モネオが設計。大小のホールでクラシックを楽しめる。
www.auditori.cat

世界遺産の劇場でクラシック鑑賞
カタルーニャ音楽堂 ▶P.38
Palau de la Música Catalana
MAP 付録P.15 D-2

ガウディと同時期に活躍したモデルニスモの建築家、モンタネールの最高傑作。世界遺産登録の華麗な空間でクラシック音楽に浸れる。
www.palaumusica.cat

バロック期の館内にあるタブラオ
パラウ・ダルマサス ▶P.75
Palau Dalmases
MAP 付録P.15 D-3

ゴシック地区の美しい館を利用。バリエーションに富むフラメンコを上演する。
palaudalmases.com

馬蹄形の劇場空間を持つタブラオ
パラシオ・デル・フラメンコ
Palacio del Flamenco
MAP 付録P.12 B-1

かつての小劇場を改装し、優雅で華やか。フラメンコ体験ができるコースを用意。
www.palaciodelflamenco.com

気軽&リーズナブルなフラメンコ
ロス・タラントス ▶P.75
Los Tarantos
MAP 付録P.14 B-3

若手ダンサーが30分のショーを披露。時間とコストをあまりかけずにタブラオ体験ができる。
tarantosbarcelona.com

ディナー&フラメンコ鑑賞が評判
バルセロナ・シティ・ホール
Barcelona City Hall
MAP 付録P.14 C-3

トップクラスのダンサーと音楽家が揃うタブラオの名店。食事付きコースも充実。
flamencobarcelonacity.com

演劇やダンスが盛んな未来派劇場
カタルーニャ国立劇場
Teatre Nacional de Catalunya
MAP 付録P.10 C-1

緑地に神殿型のガラス張りの建物が輝く。世界的な名劇団による演劇のメッカ。
es.teatrebarcelona.com

地元の人に交じって観劇を楽しむ
コリセウム劇場
Teatre Coliseum
MAP 付録P.12 C-4

1920年代建造の小劇場。演劇やリサイタルが多く、客層は地元の大人世代が中心。
www.grupbalana.com/es/teatros/salas/teatro-coliseum

観光客が増え過ぎたバルセロナのホテルは予約が必至

ホテル
Stay at Relaxing Hotel

バルセロナの憩いはココに！

バルセロナのホテルは多彩だ。まずは料金。高級ホテルも安宿も多い。それでも問題はある。今やこの街はスペインでも異常なほど観光客が増え、街からあふれ出し、ホテルからもあふれ出した。部屋数が少なくなっている。希望するホテルならば、特に高級ホテルは、早めの予約が必要となる。一方安宿も混んでいるが、注意したいのは、ゴシック地区など旧市街の夜は治安が良くない。かように、条件は良くないが、好ホテルは多く、部屋さえ確保できれば、快適度は保証付き。

Contents
気分もスタイリッシュ
デザインホテル 5選 ▶P96
歴史を感じる
クラシックホテル 5選 ▶P98
ホテルリスト ▶P102

HOTEL 01 DESIGN HOTEL

オシャレです！キュートです！ワクワクしてきます！

気分もスタイリッシュデザインホテル ❺ 選

一般の高級シティホテルのような施設はありません。でも、とても快適なんです。
オシャレで、清潔感たっぷりで、こんな部屋に住みたい、と思ってしまいます。

バルセロナの息づかいを感じる
カサ・カンペール
Casa Camper

アシャンプラ MAP付録P.14 B-1

スタイリッシュなブティックホテル。カタルーニャ広場やショッピング街は徒歩圏内、ハンモック付きの客室もある。ホテルのレストラン「ドス・パリージョス」はミシュランの星付き。
☎93-3426280 Ⓜ1・3号線Catalunyaカタルーニャ駅から徒歩2分 ⌂C. d'Elisabets 11 ￥カンペールルーム€180～、コーナースイート€260～ 室数40
HP https://www.casacamper.com

暮らすように滞在する 抜群のロケーション

1.ジャズの流れるバー 2.街を一望するテラス・バー 3.スタイリッシュな客室 4.プールテーブルもある 5.ショップのような外観

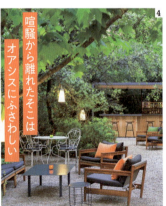

喧騒から離れたそこはオアシスにふさわしい

都会のオアシスに滞在する贅沢
アルマ・バルセロナ
Alma Barcelona

アシャンプラ MAP付録P.13 D-2

抜群のロケーションにあり、広々とした客室や贅沢な造りは5ツ星の品格。豪華でありながら落ち着いた雰囲気で、中庭でのくつろぎは極上のひととき。スパやプールも完備と施設も充実。
☎93-2164490 Ⓜ3・5号線Diagonalディアゴナル駅から徒歩すぐ ⌂C. Mallorca 271 ￥デラックス€270～、ファミリースイート€1200～ 室数172
HP https://www.almahotels.com/barcelona/

1.落ち着いた客室は広々 2.ホテルは地上7階建て 3.大きな窓から緑を望む 4.中庭は都会のオアシス 5.外観も美しいホテル

156

ホテル

01 気分もスタイリッシュデザインホテル5選

若きピカソの姿に思いを馳せる建物

ポルト・ベイを望む潮風のホテル
ホテル・ザ・セラス
Hotel The Serras

ゴシック地区 MAP 付録P.14 C-4

1896年に15歳のピカソがアトリエに使用した建物。客室やテラスからポルト・ベイが見える絶好のロケーションでバカンス気分が盛り上がるホテル。ミシュランのレストランも。

☎93-1691868 ❷M2・3・4号線Passeig de Gràciaパセッチ・デ・グラシア駅から徒歩8分 ⌂Passeig de Colom 9 ¥スタンダード・スーペリアルーム€250～、ジュニアスイート・マリナ€570～ 室数28 HPhttps://hoteltheserrasbarcelona.com

1.明るい色調の広い客室 2.有名建築家が設計した 3.屋上テラスはプールも 4.地元の食材に舌鼓 5.ポルト・ベルから2分

パンの香りが食欲そそるホテル
プラクティック・ベーカリー
Praktik Bakery

アシャンプラ MAP 付録P.13 D-2

1階がベーカリーになっているユニークなホテル。朝、焼きたてパンの香りで目覚める体験はここならでは。スタイリッシュで快適な客室は、エコフレンドリーなアメニティもうれしい。

☎93-4880061 ❷M3・5号線Diagonalディアゴナルから徒歩5分 ⌂C. Provença 279 ¥エコノミー・ダブル€57～、エクステリア・ダブル€60～ 室数74 HPhttps://www.hotelpraktikbakery.com

目覚めると一面に焼きたてパンの香り

1.すっきりと快適な客室 2.カフェで焼きたてパン 3.インテリアはミニマム 4.パン屋さんに宿泊気分

サグラダ・ファミリアが見える！
アイレ・ホテル・ロセリョン
Ayre Hotel Rosellón

アシャンプラ MAP 付録P.7 E-4

窓からサグラダ・ファミリア聖堂が見える部屋もある。シンプルかつハイクオリティ、そして良心的な価格が魅力。屋上のテラスでサグラダ・ファミリアを一望しながらカクテルを楽しみたい。

☎93-6009200 ❷M2・5号線Sagrada Familiaサグラダ・ファミリア駅から徒歩1分 ⌂C. Rosellón 390 ¥スタンダード€70～、スーペリア€86～ 室数105 HPhttps://www.ayrehoteles.com/en/hotels/ayre-hotel-rosellon/

バルセロナ随一の眺めを楽しむ滞在

1.屋上のバーからの眺め 2.スペインらしい客室 3.絶好のロケーション 4.ガラス張りのロビー 5.大きな窓の明るい客室

HOTEL 02　CLASSIC HOTEL

重厚で華麗で豪華で。バルセロナが誇る最高級!

歴史を感じるクラシックホテル⑤選

交通の便も良い市の中心にあっても、一歩館内に入れば静寂に満ちた大人の空間。
クラシックだからといって古いわけではなく、近代的な施設は完備しています。

グラシア通りのど真ん中にステイ
マジェスティックホテル・アンド・スパ
Majestic Hotel & Spa

グラシア通り　MAP 付録P.13 D-3

1981年から目抜き通りの真ん中に堂々と立つ5ツ星ホテル。2014年の改装でモダンに生まれ変わった。館内に併設されたスパも魅力のラグジュアリーホテル。

☎93-4881717　交M3・5号線Diagonalディアゴナル駅から徒歩5分　所Passeig de Gràcia 68　料デラックスルーム€200〜、デラックスエグゼクティブルーム€250〜　室数275
HP https://majestichotelgroup.com/en/barcelona/hotel-majestic

5ツ星の格式に宿泊　優越感を味わいたい

1

2

3

4

6

7

1.クラシックで格調高い客室は荘厳な雰囲気 2.ルーフトップのプールはスペインの日差し 3.ウッドデッキのテラスバーでドリンクを一杯 4.ヨーロッパで朝食No.1の座を獲得した 5.レストランの食事もおいしいと定評がある 6.グラシア通りのランドマーク的存在の建物 7.豪華なロビーエリアにVIP気分も高まる

02 歴史を感じるクラシックホテル5選

ジャズの音色に包まれながら最高のステイ
カサ・フステル
Hotel Casa Fuster
グラシア通り MAP 付録P.13 D-1

1908年建造。バルセロナの街をより美しくしたいと願ったフステル氏が妻に贈ったとされる建物で、大理石などの高価な資材が使われたため当時最も高価な建物として知られていた。

☎93-2553000 ㊋Ⓜ3・5号線Diagonalディアゴナル駅から徒歩2分 🏠Passeig de Gràcia 132 💰デラックスルーム€187～ 🛏105 🌐https://www.hotelcasafuster.com

100年以上の歴史を物語る建物の美しさ

↑2004年改装。毎週木曜はジャズ・クラブが開催される

↑外観はクラシックなまま保存され内部はモダンに改装されている

美食家垂涎のホテルはロケーションも抜群

究極のガストロノミー体験を
モニュメント・ホテル
Monument Hotel
グラシア通り MAP 付録P.12 C-2

ガストロノミーの巨匠マルティン・ベラサテギ監修のレストランが4つあり星を獲得している。テラス・プールからの眺めも贅沢なロケーションで、建築的にも高い評価を受けるホテル。

☎93-5482000 ㊋Ⓜ3・5号線Diagonalディアゴナル駅から徒歩2分 🏠Passeig de Gràcia 75 💰デラックスルーム€259～ 🛏84 🌐https://www.monumenthotel.com

---

モダニズムの美しさと快適な滞在
ホテル・エスパーニャ
Hotel España
ラバル地区 MAP 付録P.14 B-3

リセウ劇場やサン・ジョセップ市場至近の好立地ホテル。1859年開業でその後20世紀前半にはモデルニスモ様式に生まれ変わった。旧市街が見渡せる屋上プールからの眺めもおすすめ。

☎93-5500000 ㊋Ⓜ3号線Liceuリセウ駅から徒歩3分 🏠C. Sant Pau 9-11 💰ブティック(スタンダード)€120～ 🛏83 🌐https://www.hotelespanya.com

モダンな改装でなおも建築家の想いが蘇る

↑当時のモダニズムの精神を再現した改装、かつ最新の設備を完備

↑テラスからのパノラマも絶景。宿泊しなくても立ち寄りたくなる

旅のハイライトが徒歩圏内 絶好のロケーション

カテドラルの正面にたたずむホテル
コロン
Colón
ゴシック地区 MAP 付録P.15 D-2

ゴシック地区の中心部に位置する落ち着いた雰囲気のホテル。カテドラル・ビューの部屋からは大聖堂が間近に見える。窓の大きなレストランからの風景も必見。

☎93-3011404 ㊋Ⓜ4号線Jaume Iジャウマ・プリメール駅から徒歩4分 🏠Av. de la Catedral 7 💰クラシック€96～ 🛏129 🌐https://hotelcolonbarcelona.es

159

HOTEL 03 HOTEL LIST ホテルリスト

◎ アーティスティックな雰囲気のスイート型ホテル

スイーツ・アベニュー

Suites Avenue Barcelona
アシャンプラ MAP 付録P.13 D-2
☎93-2723716 Ⓜ3・5号線Diagonalディアゴナル駅から徒歩3分 🏠Passeig de Gràcia 83 Ⓢスーペリア€107.25〜、デラックス€132〜 🛏41 🌐https://www.suitesavenue.com/

◎ 数々の著名人も宿泊した歴史と風格が光る

エル・アベニーダ・パラセ

El Avenida Palace
アシャンプラ MAP 付録P.12 C-4
☎93-3019600 Ⓜ2・3・4号線Passeig de Gràciaパセッチ・デ・グラシア駅から徒歩2分 🏠Gran Vía de les Corts Catalanes 605 Ⓢスタンダード€94.05〜、シングル€79.80〜 🛏151 🌐https://www.avenidapalace.com/

◎ 観光名所とのアクセス至便なリーズナブルホテル

アンティベス

Acta Antibes
アシャンプラ MAP 付録P.10 B-1
☎93-2326211 Ⓜ2号線Monumentalモヌマンタル駅から徒歩4分 🏠C. Diputació 394 Ⓢシングル€37〜、ダブル€40〜 🛏71 🌐https://www.hotel-antibesbcn.com

◎ 高層階の客室からはランブラス通りが見下ろせる

エクセ・クリスタル・パラセ

Exe Cristal Palace
アシャンプラ MAP 付録P.12 C-4
☎93-2087108 Ⓜ2・3・4号線Passeig de Gràciaパセッチ・デ・グラシア駅から徒歩2分 🏠C. Diputació 257 Ⓢダブル€89.10〜 🛏149 🌐https://www.exehotels.co.uk/exe-cristal-palace.html

◎ 1913年に建てられたモデルニスモ建築に泊まれる

HCCレヘンテ

Hotel HCC Regente
アシャンプラ MAP 付録P.12 C-3
☎93-4875989 Ⓜ2・3・4号線Passeig de Gràciaパセッチ・デ・グラシア駅から徒歩4分 🏠Rambla de Catalunya 76 Ⓢダブルルーム€89〜 🛏79 🌐https://www.hcchotels.com/ja/hcc-regente/

◎ 家族連れに嬉しいベビーカーの貸出サービスあり

NHコレクション・バルセロナ・ポディウム

Hotel NH Collection Barcelona Pódium
ボルン地区 MAP 付録P.15 E-1
☎93-2650202、予約91-3984661 Ⓜ1号線Arc de Triomfアルク・デ・トリオンフ駅から徒歩5分 🏠C. Bailèn 4-6 Ⓢスーペリアルーム€108〜、スーペリアシングル€103〜 🛏140 🌐https://www.nh-hotels.com/hotel/nh-collection-barcelona-podium

◎ ラグジュアリーな客室と充実の施設で快適に

ホテル・ソフィア・バルセロナ

Hotel SOFIA Barcelona
市街西部 MAP 付録P.4 B-2
☎93-5081000 Ⓜ3号線Maria Cristinaマリア・クリスティーナ駅から徒歩5分 🏠Plaça de Pius XII 4 Ⓢハーモニーシングル€280〜、ハーモニーダブル€295〜 🛏465 🌐https://sofiabarcelona.com

◎ 1階にはミロの生家が残り、作品展示もある

リアルト

Hotel Rialto
ゴシック地区 MAP 付録P.14 C-3
☎93-3185212、予約93-2689070 Ⓜ4号線Jaume Iジャウマ・I・プリメール駅から徒歩3分 🏠C. Ferran 40-42 Ⓢダブル・ツイン€52〜 🛏205 🌐https://www.hotel-rialto.com/

◎ カサ・ミラを望むモダンなデザインホテル

サー・ビクトール

Sir Victor
アシャンプラ MAP 付録P.13 D-2
☎93-2711244 Ⓜ3・5号線Diagonalディアゴナル駅から徒歩1分 🏠C. del Rosselló 265 Ⓢサーブティック€207〜 🛏91 🌐https://www.sirhotels.com/en/victor/

◎ グエル邸が目の前！すっきりした内装が心地よし

ガウディ

Hotel Gaudi
ランブラス通り MAP 付録P.14 B-3
☎93-3179032 Ⓜ3号線Liceuリセウ駅から徒歩4分 🏠C. Nou de la Rambla 12 Ⓢクラシックシングル€64〜、クラシックダブルorツイン€68〜 🛏73 🌐https://www.hotelgaudibarcelona.com

◎ ミシュランの星付きレストランを持つ

コンデス・デ・バルセロナ

Hotel Condes de Barcelona
アシャンプラ MAP 付録P.12 C-2
☎93-4450000 Ⓜ3・5号線Diagonalディアゴナル駅から徒歩5分 🏠Passeig de Gràcia 73 Ⓢアーバンルーム€130〜 🛏126 🌐https://www.condesdebarcelona.com/

◎ 老舗ホテルの格式とサービスを存分に味わう

エル・パレス

El Palace Hotel Barcelona
アシャンプラ MAP 付録P.13 E-4
☎93-5101130 Ⓜ2・3・4号線Passeig de Gràciaパセッチ・デ・グラシア駅から徒歩3分 🏠Gran Via de les Corts Catalanes 668 Ⓢザ・クラシック€259〜 🛏120 🌐https://www.hotelpalace-barcelona.com/

TRAVEL INFORMATION
旅の基本情報

出入国の流れからお金のこと、習慣や文化の違い、トラブル回避策まで、バルセロナを安全に快適に旅するための情報をチェックしよう。

旅の準備

パスポート（旅券）

旅行の予定が決まったら、まずはパスポートを取得。各都道府県、または市町村のパスポート申請窓口で取得の申請をする。すでに取得している場合も、有効期限をチェック。スペイン入国時には、パスポートの有効残存期間が最低滞在日数＋3カ月は残っている必要がある。

ビザ（査証）

過去180日中90日以内の滞在であれば、観光目的の日本人はビザが不要。ただしパスポート有効残存期間がシェンゲン協定加盟国出国予定日から3カ月必要。

海外旅行保険

海外で病気や事故に遭うと、思わぬ費用がかかってしまうもの。携行品の破損なども補償されるため、必ず加入しておきたい。保険会社や旅行会社の窓口やインターネットで加入できるほか、簡易なものであれば出国直前でも空港にある自動販売機でも加入できる。クレジットカードに付帯しているものもあるので、補償範囲を確認しておきたい。

☎ 日本からスペインへの電話のかけ方

国際電話会社の電話番号	→	001	→	34	→	相手の電話番号
マイラインに入っていない場合		国際電話の識別番号		スペインの国番号		

荷物チェックリスト

◎	パスポート	
◎	パスポートのコピー（パスポートと別の場所に保管）	
◎	現金	
◎	クレジットカード（2枚以上を推奨）	
◎	航空券（eチケット控え）	
◎	ホテルの予約確認書	
◎	海外旅行保険証	
◎	ガイドブック	
	洗面用具（歯磨き・歯ブラシ）	
	常備薬・虫よけ・生理用品	
	化粧品	
	雨具・折りたたみ傘	
	着替え用の衣類・下着	
	教会などで身につける露出の少ない服装	
	日焼け止め・帽子・日傘など日差し対策	
	部屋着	
	変換プラグ	
	携帯電話・スマートフォン／充電器	
	デジタルカメラ／充電器／電池	
	メモリーカード	
	Wi-Fiルーター	
	防水ポーチ・防水スマホケース	
	ウェットティッシュ・ティッシュ・ハンカチ	
△	スリッパ	
△	アイマスク・耳栓	
△	エア枕	
△	筆記具	

◎必要なもの　△機内で便利なもの

TRAVEL INFORMATION

入国・出国はあわてずスマートに手続きしたい！

日本からバルセロナまで、乗り継ぎの時間や場所によるが最短で16時間ほどかかる。スムーズな出入国に備えよう。

スペイン入国

① 入国審査
乗り継ぎ空港がシェンゲン協定加盟国や同国内のマドリードであれば、乗り継ぎ空港で入国審査が行われる。必要なのはパスポートのみ。表示に沿って移動しEU諸国外旅行者のカウンター（Non EU）に並ぶ。入国スタンプを押されないことも多い。スペインでの入国審査では、出入国カードは現在不要。

② 預けた荷物の受け取り
通常は経由空港では荷物は受け取らず、最終的に到着する空港で荷物を受け取り税関手続きを行う。一度電光掲示板を確認して自分の乗ってきた便の荷物のターンテーブル番号を確認。預けた荷物をピックアップする。荷物用カートの利用には返還式硬貨の使用が必要なこともある。

③ 税関手続き
免税範囲内なら申告なしのゲート（緑色）を通過して外へ。免税範囲を超える場合や超えるかどうかわからない場合は、機内であらかじめ書類を受け取り記入したものを持参して赤色のゲートで審査を受ける。

スペイン入国時の免税範囲

アルコール類	ワイン4ℓ、ビール16ℓ、および22度を超えるアルコール飲料1ℓ（22度以下のアルコール飲料は2ℓ）
たばこ	紙巻きたばこ200本、または葉巻きたばこ50本、または小型葉巻きたばこ100本、または刻みたばこ250g
物品	航空機または船舶での入国者は€430まで、そのほかは€300までの物品。15歳以下は€150まで
現金	EU諸国外からの出入国に持ち込み制限はないが€1万以上の現金や外貨などの持ち込みには申告が必要

※アルコール類、たばこは18歳以上のみ

シェンゲン協定とは
シェンゲン協定とは一部の欧州諸国で締結されている出入国管理政策。加盟国間の移動は国内移動と同等に扱われ入国審査も税関検査も行わない。協定加盟国を経由する場合、スペイン到着時に入国審査はない。

シェンゲン協定加盟国 オーストリア、ベルギー、デンマーク、フィンランド、フランス、ドイツ、ギリシャ、アイスランド、イタリア、オランダ、ポーランド、ポルトガル、スペイン、スイスなど26カ国（2020年1月現在）

出発前に確認しておきたい！

Webチェックイン
搭乗手続きや座席指定を事前にWebで終わらせておくことで、空港で荷物を預けるだけで済み大幅に時間を短縮することができる。一般的に出発時刻の24時間前からチェックインが可能。パッケージツアーでも利用できるが、一部対象外となるものもあるため、その際は空港カウンターでの手続きとなる。

飛行機機内への持ち込み制限

●**液体物** 100㎖（3.4oz）を超える容器に入った液体物はすべて持ち込めない。100㎖以下の容器に小分けにしたうえで、ジッパー付きの透明なプラスチック製袋に入れる。免税店で購入したものは100㎖を超えても持ち込み可能だが、乗り継ぎの際に没収されることがある。

●**刃物** ナイフやカッターなど刃物は、形や大きさを問わずすべて持ち込むことができない。

●**電池・バッテリー** 100Whを超え160Wh以下のリチウムを含む電池は2個まで。100Wh以下や本体内蔵のものは制限はない。160Whを超えるものは持ち込み不可。

●**ライター** 小型かつ携帯型のものを1個まで。

荷物の重量制限
預け手荷物が無料なのは、日本航空、全日本空輸のエコノミークラスで1個23kgの手荷物2個まで、イベリア航空は1個まで、と航空会社により異なる。大きさの規定や持ち込み手荷物についても、ウェブサイトなどで事前に確認。コードシェア便では、どの航空会社の規定が適用されるか事前に確認しておくこと。

ロストバゲージしたら
万が一預けた手荷物が出てこなかったり、破損していた場合には荷物引換証（バゲージクレーム・タグ）を持って受取場内にあるカウンターに出向く。次の旅程やホテルの連絡先などを所定の用紙に記入するか係員に伝えて、届けてもらうなどの処置依頼を交渉しよう。

スペイン出国

① 空港へ向かう
搭乗する航空会社によってターミナルが違うため、事前によく確認しておきたい。Webチェックインを事前にしていなければ2時間30分前、観光シーズンはもう少し余裕をもって着いていたい。

② チェックイン
チェックインをするには、カウンターで**パスポートと搭乗券（eチケット控え）を提示**。預ける荷物をセキュリティチェックに通し、バゲージクレーム・タグを受け取る。**免税**を申請するものがあれば、それまでに手続きを行うか、機内持ち込みにする。

③ 出国審査
乗り継ぎ空港がシェンゲン圏外であれば、出国審査を受ける。**パスポートと搭乗券を審査官に提示**。

④ 搭乗
搭乗ゲート前で手荷物のセキュリティチェックがあるため、早めに到着しておきたい。免税店で購入した商品で専用の袋に入れれば液体物も持ち込めるが、乗り継ぎ時に没収されることがあるので注意。

日本帰国時の免税範囲

アルコール類	1本760㎖程度のものを3本
たばこ	紙巻きたばこ400本、葉巻きたばこ100本、その他500g、加熱式たばこ個装等20個のいずれか。2021年10月からそれぞれ半分となる
香水	2オンス（オーデコロン、オードトワレは含まない）
その他物品	海外市価1万円以下のもの。1万円を超えるものは合計20万円まで

※アルコール類、たばこは満20歳未満は免税なし

日本への主な持ち込み禁止・制限品

持ち込み禁止品	麻薬類、覚醒剤、向精神薬など
	拳銃などの鉄砲、弾薬など
	ポルノ書籍やDVDなどわいせつ物
	偽ブランド商品や違法コピー
	DVDなど知的財産権を侵害するもの
	家畜伝染病予防法、植物防疫法で定められた動物とそれを原料とする製品
持ち込み制限品	ハム、ソーセージ、10kgを超える乳製品など検疫が必要なもの
	ワシントン国際条約の対象となる動植物とそれを原料とする製品
	猟銃、空気銃、刀剣など
	医療品、化粧品など

 スムーズに免税手続きをしたい！

付加価値税（IVA）
スペインでは商品の価格に4～21％の付加価値税が含まれている。EU加盟国以外の国籍の旅行者が滞在中に購入した商品を未使用のままEU諸国外へと持ち出す際に一部の税金が還付されるので、よりお得な買い物ができる。商品購入の際にパスポートを提示して簡単な手続きがあるので覚えておきたい。

払い戻しの条件
EU諸国以外のパスポート保持者であること、16歳以上であること、購入した商品を未使用で購入から3カ月以内にEU諸国外へと持ち出すことが条件。現地で人にプレゼントしたものや使用済みの物品などは対象外。確認カウンターで商品を提示できる状態でなければならないので、荷造りの際に注意が必要。

払い戻し方法
●**お店** 税金払い戻し取扱店舗で支払いの際にパスポートを提示、免税書類（輸出販売明細書）の作成をしてもらう。払い戻し方法（現金かクレジットカード）を選択し同書類にサインをする。書類と投函用の封筒をくれるので出国の空港まで大切に手元に保管する。

●**空港** 免税書類とレシート（クレジットカードの控えは不可）、パスポート、航空券、未使用の購入品を用意してカウンターへ出向き、確認スタンプを押してもらう。確認スタンプをもらったら、還付代行会社のカウンターへ出向き手続きをする。出発空港に払い戻しのカウンターがない場合、店舗で受け取った返信用封筒に確認スタンプ押印済みの書類を入れてポストに投函する（切手不要）。Pablo（パブロ）マークの付いた免税書類は電子認証端末機でバーコードを読み取り、承認された書類をポストに投函するだけでよい。端末は日本語対応だが、承認されなかった場合カウンターへ再度出向く必要がある。

手続きの注意点
税金の還付手続きは原則的にEU諸国を最後に出発する空港で行う。例）スペインからドイツ経由で日本に帰国する場合はドイツの空港での手続き。乗り継ぎ時間が短い場合などは、バルセロナの空港で手続きできることもある。いずれも未使用の購入商品を提示できるように準備しておく必要がある。空港での還付を希望の場合、空港の両替所に書類を持参するが、クレジットカードへの払い戻しが便利だ。カードへの還付は約2カ月後が目安。

TRAVEL INFORMATION

エル・プラット空港
Aeroport Josep Tarradellas Barcelona-El Prat

バルセロナにあるスペイン第2の空港で、2019年にかつてのカタルーニャ自治州首相の名が冠された。一般旅客用のターミナルは2つあり、日本発着の便がある航空会社は、2009年に完成した新しいターミナル1に発着する。ターミナル2はLCCが多く発着している。MRTやアエロブスはどちらのターミナルからも利用できるが、近郊鉄道はターミナル2にのみ接続している。

ターミナル間の移動
無料のシャトルバスがターミナル1〜2間を5〜10分間隔で24時間運行している。

↑各ターミナルは地元建築家リカルド・ボフィルの設計によるもの

ターミナル1
ほとんどのフルサービスキャリアが発着しており、スペイン国内便を運航するイベリア航空、エア・ヨーロッパやLCCのブエリング航空も発着している。到着ロビーは1階(Planta 1)、出発ロビーは3階(Planta 3)にあるが、免税店や飲食店などの各種施設は1階に集中している。

↑看板はカタルーニャ語、英語、スペイン語の3言語表記

↑広々としたターミナル1。ショップや飲食店も充実している

☑ 空港でしておきたいこと・できること

到着時

☐ **両替**
銀行Caixabankの窓口や両替所がターミナル1の1階にある。日本国内で両替したほうがレートが有利なことが多いので、事前に用意しておくか、クレジットカードでのキャッシングをおすすめする。➡P.166

☐ **SIMカードの購入**
ターミナル1の1階にある「Tech & Fly」で、vodafoneやorangeのSIMカードを購入できる。購入にはパスポートが必要。➡P.169

出発時

☐ **IVA還付手続き**
ターミナル1の3階にIVA還付の窓口がある。EU外で乗り継ぎの場合は手続きを。還付金を現金で受け取るなら、手続き後「Global Blue」か「Global Exchange」の窓口へ。➡P.163

☐ **おみやげの購入**
マンゴやザラなどのスペインブランドをはじめ、さまざまなショップが揃っている。出国後ゲートを抜けると、多くの店が並ぶ1階に戻れないため、出国前に買い物を済ませておこう。

空港からホテルへはスムーズにアクセスしたい！

長時間のフライトで疲れていても迷わずホテルに行けるよう、事前にシミュレーションしておこう。

空港から中心部へ

エル・プラット空港から中心部への交通手段は4種類。それぞれ所要時間や料金が異なるので、到着時刻や旅のスケジュールに合わせて選びたい。

空港バス（Aerobús）

所要	約35分
料金	片道€5.90 往復€10.20

料金も安く、中心部まで乗り換えもなくたどり着けるため、人気の手段。ターミナル1・2それぞれからカタルーニャ広場へ向かう、A1・2の2路線が運行している。そのほかエスパーニャ広場やウニベルシタット広場にも停車する。A1は5:35〜翌1:05で、7:30〜22:20は5分間隔、そのほかの時間帯は10分間隔で運行。A2は5:35〜翌1:00で10分間隔で運行している。空港へ向かう際は、カタルーニャ広場のバス停が大きく見つけやすい。乗車する路線を間違えずに。

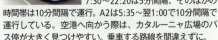

① チケットを買う
事前にネット購入するか、乗り場の券売機（カードのみ）か係員から現金で購入する。空港行きで係員がいない場合はドライバーから購入する。

② 乗り場へ向かう
到着エリアから下の階に下りると乗り場がある。

③ 乗車する
大きな荷物は係員の指示に従って貨物室に。チケットを提示して乗車。

地下鉄（Metro）

所要	約30〜45分
料金	€5.15

アエロポルトT1駅からゾナ・ウニベルシタリア駅を結ぶ9号線が運行している。空港発着専用の特別なチケット（→付録P16）が必要で、ゾーン1内のすべての駅、バス停まで行ける。中心部までは乗り換えが必要で、大きな荷物を持っての移動は大変。乗り換え後の路線ではすりや置き引きの心配もある。T-ディアやオラ・バルセロナを利用すると、エアポート・チケットが不要で料金を節約できる。

タクシー（Taxi）

所要	約20〜40分
料金	€30〜40

ホテルに直接アクセスでき便利。何人かで乗車するなら、料金も高くはない。深夜の移動であれば安全のためにも迷わず利用したい。到着エリアから下りると乗り場があるので、係員に人数を告げ、指定された車両に乗車する。空港発着の特別料金€4.30、20:00〜翌8:00は深夜料金€3.10がメーターに加算されるほか、空港発着には最低料金€20が設定されている。荷物にかかる料金は廃止されているが、車内の料金表を確認しておこう。

近郊鉄道（Rodaries）

所要	約30〜35分
料金	€2.40

ターミナル2から中心部までRenfe（スペイン国鉄）の近郊鉄道R2N線が運行している。ターミナル1から2へはシャトルバスで移動。中心部ではサンツ駅、パセッジ・ダ・グラシア駅に停車し、そこから地下鉄に乗り換えができる。地下鉄と違い特別料金はなく通常のチケットで乗車できるので、T-カジュアルなどを購入しよう。停車する2駅は観光客が多く集まるため、すりや置き引きの被害も多い。十分な注意を。

送迎バスもおすすめ

日本語で事前にネット予約できる旅行代理店などの送迎サービス。到着ロビーで名前を掲げたドライバーと待ち合わせる。同じ時刻に到着のほかの乗客を待つこともあるので、時間に余裕があるときに利用しよう。

空港→市内中心部 アクセスマップ

TRAVEL INFORMATION

スペインのお金のことを知っておきたい！

カード利用が便利なスペインだがチップなどで現金が必要なことも。迷わないようお金の基本をおさらい。

通貨

通貨はユーロ（€）で補助通貨はセント（¢）。€1＝100¢。スペイン語では、それぞれエウロ、センティモ。

€1 ＝ 約122.2円
（2020年1月現在）
1万円 ＝ 約€81.8

すりや盗難の心配があるので多額の現金を持ち歩くのは避けよう。スペインでは少額でもクレジットカードの利用が可能。大きな額面の紙幣は店に拒否されることも多いので、少額のお札を多めにしてもらおう。

紙幣　　　硬貨

Ð5　　　1¢
Ð10　　 2¢
　　　　 5¢
Ð20　　 10¢
　　　　 20¢
Ð50　　 50¢
Ð100　　Ð1
Ð200　　Ð2

両替

どこで両替をすればいい？

空港や街なかの両替所、一部の銀行で両替できる。「CHANGE」やスペイン語「CAMBIO」の表示が目印。レートや手数料が異なるので事前に必ず確認を。基本的に銀行や郵便局では両替をしていない。ユーロの場合、日本国内での両替のほうがレートがよいことが多いので出国前に準備しておくのが得策かも。

レート表の見方　　　　　　　日本円からの両替はBUY

CURRENCY（通貨）	UNIT	BUY	SELL
JAPANESE YEN	100	0.810	0.840
US DOLLAR	1	0.920	0.950

日本円は100円に対するレート／日本円をユーロに両替するときのレート。この場合、1万円が€81の換算／ユーロを日本円に両替するときのレート

ATMで現地通貨を引き出す

ATMは市中のいたるところにあり、時間的にも自由が利くので便利。一般的にレートも現金を両替するより有利となる。都度ATM利用料がかかるため、ある程度まとまった金額を引き出すほうがよい。クレジットカードでのキャッシングでは利息が発生するが、帰国後すぐ繰上返済すれば高額にはならない。キャッシングに抵抗があれば、国際キャッシュカードやトラベルプリペイドカードを利用しよう。

クレジットカード

多くの場所でクレジットカードが利用できる。多額の現金を持ち歩くのは危険なので、うまく組み合わせて利用したい。ホテルで保証金代わりとして求められることもあるので、1枚は持っておきたい。事前にキャッシングの可否やPIN（暗証番号）の確認を忘れずに。

トラベルプリペイドカード

あらかじめ入金した専用口座から引き出すトラベルプリペイドカードは、クレジットカードと同じ感覚で利用することができる。入出金の際に手数料がかかり、旅行中も事前に入金した額までしか使えないが、万一の際はかえって被害額を抑えることができる。

ATMの使い方

暗証番号を入力 ENTER PIN
まず言語を英語に選択する。ENTER PIN（暗証番号を入力）と表示されたら、クレジットカードの4ケタの暗証番号を入力し、最後にENTER（入力）を押す

取引内容を選択 SELECT TRANSACTION
クレジットカードでのキャッシングも、国際キャッシュカードやデビットカード、トラベルプリペイドカードで引き出すときもWITHDRAWAL（引き出し）を選択

取引口座を選択 SELECT SOURCE ACCOUNT
クレジットカードでキャッシングする場合はCREDIT（クレジットカード）、トラベルプリペイドカードや国際キャッシュカードで預金を引き出す場合はSAVINGS（預金）を選択

金額を選択 SELECT AMOUNT
引き出したい現地通貨の金額を選ぶ。決められた金額以外の場合はOTHER（その他）を選ぶ。現金と明細書、カードを受け取る

物価

地下鉄・バスなど（ゾーン1・シングルチケットの場合）
₫2.40（約290円）

タクシー初乗り
₫2.25（約270円）

缶ビール
₫1.50（約180円）

ミネラルウォーター（500㎖）
₫1（約120円）

予算の目安
バルセロナの物価は東京と同程度。ワインなど安いものもあるが、外食は高くつきがち。

宿泊費 季節によるが、3ツ星ホテルで1泊€50（約6110円）程度から見つかる。5ツ星ホテルでは1泊€200（約2万4440円）程度から。中心部にホテルは多数あり料金帯もさまざまな選択肢があるので、時間、交通費ともに節約するために、立地にはこだわりたい。

食費 バルやレストランでは昼食に「メヌー menú」という定食を用意している。だいたい€10〜15（約1220〜1830円）程度。バルのタパス€4（約490円）程度や、ピンチョス€2（約240円）程度などをうまく利用しよう。

交通費 通常の初乗り料金は高いが、交通機関1日乗り放題のT-ディア（1日€10.50〜・約1280円）や回数券T-カジュアル（10回€11.35〜・約1390円）を利用すればお得。バルセロナ市内の観光地は集中しているので、タクシーでも€20（約2440円）程度以内で済む。

観光施設 全体的に高額な入場料が設定されており、また年々料金が値上げされている。サグラダ・ファミリアは入場のみで€20（約2440円）、カサ・ミラ€24（約2930円・前売り料金）など。出発前にオンラインで購入すれば、予算の計画も立てやすくなる。

チップ
チップの習慣はあるものの、必ず渡さなければいけない義務的なものではなく、良いサービスに感謝を表す心付けのような存在でしっかりとした基準はない。たいていの場合はおつりの端数を受け取らないか、小銭を渡すなどで十分で、支払わないからといってトラブルになることもない。

金額の目安
ホテル・ベッドメイキング	必要ない。置く際はメッセージを添えて€1程度
ホテル・ポーター	荷物を運んでもらったら€1〜2程度を渡す
タクシー	€1未満を切り上げるか、おつりを受け取らない
高級レストラン	総額の5〜10%程度

TRAVEL INFORMATION

滞在中に知っておきたいスペインのあれこれ！

文化や習慣、マナーの違いを把握しておけばバルセロナの滞在も快適に。まずは積極的にあいさつしよう。

飲料水

バルセロナの水道水は衛生上問題なく飲めるが、石灰分を多く含む硬水。慣れていないとお腹を下しやすいため、ミネラルウォーターを購入するのがおすすめ。ミネラルウォーターはガス入りの炭酸水（agua con gas）とガスなし（agua sin gas）がある。日本と違いレストランに入店したらまず水を持ってくるということはないので、必要なら注文を。

トイレ

トイレはカタルーニャ語で「lavabos」、スペイン語で「aseos」。「WC」や「toilet」の表記も多い。また、「女性」「男性」はカタルーニャ語で「dones」「homes」、スペイン語で「señoras」「cavalleros」。公共のトイレは少ないため、ホテルや美術館、デパートのトイレを利用するか食事の際に済ませておこう。MRT駅や教会では見つからない。そのほか街なかではカフェやバルのトイレを使わせてもらえるが、近年は客以外の使用をお断りしていることも多い。その場合は何か一品頼めばOK。レシートに書いてある番号を入力する方式のトイレもある。

食事の時間とビジネスアワー

スペインで最も戸惑うのが食事の時間の違いで、昼食は14時ごろ、夕食は22時ごろから飲食店は混みだす。昼の営業は13時ごろ、夜の営業は20時ごろから始まるので、営業開始すぐに入れば普段の生活に近いタイミングで混雑も避けることができる。ショップは10〜21時くらいで、14〜16時に休憩を挟むことも多い。日・月曜が休みのことが多いので、食事や目的に困らないように休業日を確認しておこう。

各種マナー

何よりもあいさつを。店に入ったときに「オラ」、出る際に「グラシアス」などと声をかけるだけでも、印象は良くなる。

美術館で
写真撮影がOKの作品も多いが、撮影禁止の作品や保護のためにフラッシュが禁止されている作品など、表示に注意を払おう。三脚や自撮り棒も禁止されていることが多い。

教会で
信仰の場所であるため、サグラダ・ファミリア聖堂をはじめ教会では、夏でも露出した服装が禁止されている。ショールなどを用意しておくと便利。帽子も教会内では脱ぐ。また、ミサや結婚式などの際は見学は控えよう。

電化製品の使用

電圧は日本と異なる

電圧は220V、電流は50Hz。ドライヤーやアイロンなどの電熱器は、変圧器を利用してもうまく動かないことがあるため、海外用のものを用意するか、現地のものを利用する。近年の携帯電話やデジタルカメラの充電器は、さまざまな電圧に対応しているため変圧器は必要ない。USB充電ができるスポットも増えており、コードを持っていると便利。

プラグはC型が主流

C型プラグ

プラグの形は2本型ピンのCタイプで、変換用のアダプターが必要。USB充電ができるタイプが便利。変圧器、アダプターともホテルで貸してもらえることも多い。

度量衡

スペインの度量衡はメートル(m)、グラム(g)、リットル(ℓ)、ヘクタール(hr)など、日本とほぼ同じものが使われている。服や靴のサイズは異なるので注意。

飲酒と喫煙

飲酒、喫煙とも18歳以上から。

飲酒は店内かホテルで

18歳未満への飲食店でのアルコール類の提供や商店での販売は禁止されている。バルなどでは提供されるが、販売は22時までに制限されている。そのほか路上での飲酒も禁止。昼から飲酒をする人もいるが、酔っぱらってしまう人は少ない。

喫煙は屋外であればOK

駅や空港、飲食店など公共の建物内は喫煙禁止。一方で屋外の喫煙は禁止されていないため、飲食店ではテラス席は喫煙可で、喫煙用の屋外席が設けられていることも多い。

郵便

郵便局は「CORREOS」で、ポストは黄色い。日本宛のはがきや手紙は20gまで€1.55、100gまで€3.50。切手は郵便局かたばこ屋(Estanco)で購入する。宛名の住所に大きく「JAPÓN(日本)」と書こう。

電話・インターネット事情を確認しておきたい！

情報収集に便利なインターネット接続や、いざというときの電話のかけ方をおさらいしておこう。

電話をかける

📝 国番号は、日本が81、スペインが34

 スペインから日本への電話のかけ方

ホテル、公衆電話から

ホテルからは外線番号	→	00	→	81	→	相手の電話番号
		国際電話の識別番号		日本の国番号		※固定電話・携帯電話とも市外局番の最初の0は不要

携帯電話、スマートフォンから

0または＊を長押し	→	81	→	相手の電話番号
※機種により異なる		日本の国番号		※固定電話・携帯電話とも市外局番の最初の0は不要

 固定電話からかける

ホテルから 外線番号(ホテルにより異なる)を押してから、相手先の番号をダイヤル。たいていは国際電話もかけることができる。携帯電話の普及で、公衆電話は現在ほとんど見かけなくなっている。

 日本へのコレクトコール

緊急時にはホテルから通話相手に料金が発生するコレクトコールを利用しよう。

● **KDDIジャパンダイレクト**
☎ **900-99-0981**
オペレーターに日本の電話番号と、話したい相手の名前を伝える。

 携帯電話／スマートフォンからかける

国際ローミングサービスに加入していれば、日本で使用している端末でそのまま通話できる。滞在中、スペインの電話には9桁の番号をダイヤルするだけでよい。日本の電話には、＋を表示させてから、国番号(81)＋相手先の番号(最初の0は除く)。同行者の端末にかけるときも、国際電話としてかける必要がある。

海外での通話料金 日本国内での定額制は適用されない。着信時にも通話料が発生するため、料金が高額になりがち。ホテルの電話やIP電話を組み合わせて利用したい。同行者の端末にかけるときも日本への国際電話と同料金。

IP電話を使う インターネットに接続できる状況であれば、SkypeやLINE、Viberなどの通話アプリを利用することで、同じアプリ間であれば無料で通話することができる。SkypeやViberは有料プランでスペインの固定電話にもかけられる。

インターネットを利用する

バルセロナでは公衆Wi-Fiとして「Barcelona WiFi」が提供されている。メールアドレスを登録すれば、MRT駅やバス停、広場などで無料で利用できる。そのほかカフェやファストフード店でも提供していることが多い。どこでも利用したいならば、日本でWi-Fiルーターをレンタルして持参するのも一案。海外への電話もインターネットの通話サービスを利用するなどして、通話料金をお得に。

 インターネットに接続する

海外データ定額サービスに加入していれば、1日1000〜3000円程度でデータ通信を行うことができる。通信業者によって異なるが、空港到着時に自動で案内メールが届く。事前の契約や手動での設定が必要なこともあるため、よく確認しておきたい。定額サービスに加入せずにデータ通信を行うと高額な料金となるため、不安であれば電源を切るか、機内モードやモバイルデータ通信をオフにしておくのがおすすめ。

 SIMカード／レンタルWi-Fiルーター

頻繁に利用するならば、現地SIMカードの購入や海外用Wi-Fiルーターのレンタルも検討したい。SIMフリーの端末があれば、空港やショッピングセンターでSIMカードを購入して差し込めば、インターネットに接続できる。4週間有効かつ5GBの通信量で€20など。購入にはパスポートが必要。事前に国内で用意することもできる。Wi-Fiルーターは複数人で同時に使えるのが魅力。料金は大容量プランで1日500〜1500円ほど。

	カメラ／時計	Wi-Fi	通話料	データ通信料
電源オフ	×	×	✕	✕
機内モード	○	○	✕	✕
モバイルデータ通信オフ	○	○	$	✕
通常モバイルデータ通信オン	○	○	$	$

○ 利用できる　$ 料金が発生する

 オフラインの地図アプリ

地図アプリでは、地図データをあらかじめダウンロードしておくことで、データ通信なしで利用することができる。機内モードでもGPS機能は使用できるので、通信量なしで地図データを確認できる。

病気、盗難、紛失…。トラブルに遭ったときはどうする?

事故や病気は予期せず起こるもの。万が一のときにもあわてずに行動したい。

治安が心配

世界中から観光客が集まるバルセロナはすりやひったくりの軽犯罪が多発しており、2019年も治安悪化の注意喚起が発表されている。人通りの少ない場所や時間帯の外出を避ける、周囲の人物に常に気をつけて持ち物や財布から手を離さない、スマホに夢中にならないなど基本的なことが重要。

デモやストライキは?

カタルーニャ独立運動の激化でデモが頻発している。デモに巻き込まれたり、ストライキで交通機関が麻痺することもあるため、「たびレジ」からの情報や、インターネットやホテルのフロントなどで当日の情報収集も欠かさずに。

緊急時はどこへ連絡?

盗難やけがなど緊急の事態には警察や消防に直接連絡すると同時に、日本大使館にも連絡するように。

[緊急全般] 🕾112 (警察・消防・救急すべて共通。まずはこちらへ連絡)

[領事館 (カタルーニャ州・バレアレス州・バレンシア州)]
在バルセロナ日本国総領事館
Consulado General del Japón en Barcelona
アシャンプラ MAP 付録P.4 B-2
🕾93-280-3433(代表) 📍Av. Diagonal 640 🔗https://www.barcelona.es.emb-japan.go.jp/itprtop_ja/index.html

[大使館 (そのほかスペイン全土)]
在スペイン日本国大使館
Embajada del Japón en España
マドリード
🕾91-590-7600(代表) 📍C. Serrano 109 🔗https://www.es.emb-japan.go.jp/itprtop_ja/index.html

病気・けがのときは?

海外旅行保険証に記載されているアシスタンスセンターに連絡するか、ホテルのフロントに医者を呼んでもらう。海外旅行保険に入っていれば、提携病院で自己負担なしで安心して治療を受けることができる。薬局は「Farmacia」といい、緑の十字が目印。

パスポートをなくしたら?

① 最寄りの警察に届け、盗難・紛失届出証明書(Police Report)を発行してもらう。

② 証明書とともに、顔写真2枚、本人確認用の書類を用意し、在スペイン日本国大使館に、紛失一般旅券等届出書を提出する。

③ パスポート失効後、「帰国のための渡航書」の発行を申請。渡航書には帰りの航空券(eチケット控えで可)が必要となる。「帰国のための渡航書」発行の手数料は€19、所要1～2日。

新規パスポートも申請できるが、発行に所要1週間、戸籍謄本(抄本)の原本が必要となる。手数料は、5年有効が€84、10年有効が€122。支払いは現金のみ受付。

クレジットカードをなくしたら?

不正利用を防ぐため、カード会社にカード番号、最後に使用した場所、金額などを伝え、カードを失効してもらう。再発行にかかる日数は会社によって異なるが、翌日1～3週間ほど。事前にカード発行会社名、紛失・盗難時の連絡先電話番号、カード番号をメモし、カードとは別の場所に保管しておくこと。

現金・貴重品をなくしたら?

現金はまず帰ってくることはなく、海外旅行保険でも免責となるため補償されない。荷物は補償範囲に入っているので、警察に届け出て盗難・紛失届出証明書(Police Report)を発行してもらい、帰国後保険会社に申請する。

 外務省 海外安全ホームページ&たびレジ

外務省の「海外安全ホームページ」には、治安情報やトラブル事例、緊急時連絡先などが国ごとにまとめられている。出発前に確認しておきたい。また、「たびレジ」に渡航先を登録すると、現地の事件や事故などの最新情報が随時届き、緊急時にも安否の確認や必要な支援が受けられる。

現地での情報収集

情報収集をするなら、街の中心にあるカタルーニャ広場が最適。Renfe、地下鉄、FGCが乗り入れる交通の要衝で、空港バスの乗り場もある。地下の巨大なツーリスト・インフォメーションでは、各種資料が手に入るほか、地図やおみやげも販売されている。そのほか、大型デパートのエル・コルテ・イングレス、両替もできる銀行など、旅行者に必要なものが揃っている。

↑カタルーニャ広場のツーリスト・インフォメーション。地上にもブースがある

主なツーリスト・インフォメーション

● **カタルーニャ広場**
カタルーニャ広場 MAP 付録P.14 C-1
📍Plaça de Catalunya, 17-S ⏰8:30～21:00

● **サン・ジャウメ広場**
ゴシック地区 MAP 付録P.14 C-3
📍Ciutat, 2 ⏰8:30～20:00 土・日曜9:00～15:00

● **サンツ駅**
サンツ駅周辺 MAP 付録P.4 B-3
📍Plaça dels Països Catalans ⏰8:30～20:30 (土・日曜は～14:30、ハイシーズンは～20:00)

旅のトラブル実例集

日本人旅行者の犯罪被害報告の多くはすりや置き引き。いちばんの対策はいつでも用心を怠らないこと。手口と対策を把握して、いざというときに冷静に対応ができるよう準備しよう。

注意するポイント

荷物　ハンドバッグはひったくりに遭いやすいので、たすき掛けのバッグがおすすめ。体の前側などで手をかけ、常に目が届く位置に持つように。大事なものは極力持ち歩かず、また分散させて持ち、被害を最小限に抑えるのも大事。

地下鉄で　ホームなどでは壁を背にして立つなど、死角を作らないように。人が変に近づいてきたと思ったら、すぐにその場を離れる。車内でドア近くにいると、ドアが開いたときにスマホなどを奪い取られそのまま逃げられるので、車両中ほどに。

観光地で　写真撮影時も荷物はベンチなどに置かず、手に持っているようにする。人通りの少ない裏通りでは、気を引き締める。

目隠しすり

事例　地下鉄やレストラン、カフェなどで、近づいてきた犯人に広げた新聞や地図で財布や携帯電話を隠され、見えないうちに盗まれる。
対策　怪しい人物が近づいてきたときは、すぐにその場から移動する。荷物はテーブルや椅子に置かずに、膝の上か手に持っておく。

置き引き

事例　駅構内やホテルのロビーで話しかけられたり犯人が落とした小銭に気を取られている隙に、足元や隣の椅子に置いていた荷物を盗まれる。
対策　荷物は手に持つか膝の上に置き、地面や椅子に置かない。注意をひくようなことが起きた場合には、まず荷物に気を配る。ホテルの朝食会場での場所取りに置いた荷物を盗まれることが頻発している。

首絞め強盗

事例　道を聞かれ対応している隙に、後ろから近寄った犯人に首を絞められ、所持品を盗まれた。
対策　人けの少ない道を歩かない。不審者に気づいたら商店に入る。

すり

事例　気づかないうちにバッグやポケットから財布を抜き取られる。話しかけられたり、犯人が小銭を地面にばらまいたのに気をとられたりした隙に、抜き取られる。
対策　多額の現金や貴重品はできる限り持ち歩かず、大事なものは分散させて持ち歩く。話しかけられたり注意をひくようなことが起きた際は、まず自分の荷物に注意を向ける。

切り裂きすり

事例　地下鉄車内などで、後ろからカッターやナイフでバッグを切り、財布などを抜き取られる。
対策　荷物は肩にかけるのではなく、前に抱えるように持つ。声をかけられたり、物を落としたり、気を取られるようなことが起きたときは、まず荷物に気を配る。

ひったくり

事例　物陰や路地に待ち伏せた犯人に、ショルダーバッグなどを奪い取られる。バイクや自転車で共犯者が持ち去ることも多い。
対策　荷物は車道側の手には持たず、できる限り体の前で持つようにする。道を歩くときは車道から離れたところを歩く。

ケチャップすり

事例　ケチャップなど液体物をかけられ、汚れを拭き取っているうちに財布などを抜き取られる。親切を装って拭き取りながら荷物を地面に下ろさせ、まるごと盗んでいく手口もある。
対策　特に発生回数が多い手口なので、汚れを指摘されたらまず疑うこと。手伝いを申し出る人物がいても、断って自分で対処する。

エスカレーターすり

事例　エスカレーターや階段で前後から囲まれ、物を落としてしゃがんだ前の犯人に道をふさがれる。慌てたり、拾うのを手伝っているときに後ろの犯人から財布などを盗まれる。
対策　エスカレーターや階段で怪しい集団に近づかれたら、大声を出す、駆け上がるなどし、すぐにその場を離れる。前に立っている人が物を落としても気にせずその場を離れる。その場に留まると将棋倒しになってしまうおそれもある。

偽警官

事例　私服警官と偽り、所持品検査の名目で財布などを奪い取る。
対策　怪しく感じたら、「112」に電話するか警察署へ行き、制服警官の立ち会いを求める。今のところ制服を着て偽る事例はない。本物の警官の職務質問に抵抗し、トラブルになった事例もあるため、対応は慎重に。

トラブルに遭ったときはどうする？

コインロッカーを活用

ショッピングのあとなど、たくさんの荷物を抱えた状態での街歩きは避けたいもの。そんなときはコインロッカーを使うのも手。カタルーニャ広場近くの「ロッカー・バルセロナ」や、サンツ駅（MAP付録P.4 B-3）、ノルテ(北)駅（MAP付録P.10 B-2）に、コインロッカーが設置されている。郊外に出かける際に、移動する荷物を減らすのにも便利。

→ノルテ(北)駅のコインロッカー

ロッカー・バルセロナ
Locker Barcelona
カタルーニャ広場
MAP 付録P.14 C-1
所 C. Estruc 36　営 9:00〜21:00 夏期8:30〜22:30
休 無休　料 Lサイズ€8など
HP https://lockerbarcelona.com

暗証番号制で、なくす心配がない。事前に予約ができる／HPから鍵を失う

HISTORY OF BARCELONA

"スペイン"とは違うもうひとつのネイションを知る

文化の中心都市バルセロナの足跡

さまざまな弾圧を生き延び、スペインでもフランスでもない他とに類を見ない文化を生み出し、多くの世界的芸術家も輩出してきたカタルーニャ州都の歴史を追う。

紀元前後の痕跡も見られる
ローマの植民都市

バルセロナという地名は、第2次ポエニ戦争（紀元前2～3世紀に地中海の覇権をめぐって戦われたローマとカルタゴとの戦争）で、ローマ史上最大の敵として知られたカルタゴの将軍ハンニバル・バルカのバルカ家の領地があったことに由来するという。

紀元前20年ごろにはローマが植民都市を開き、バルキノ（Barcino）と称された。4世紀になるとローマ軍の宿営地となったが、その遺物は現在、バルセロナ市歴史博物館（→P.140）の地下にそのまま展示され、歩いて巡ることができる。また、ローマ人が建造した馬蹄形をした城壁もそのままの形でゴシック地区に残っている。

⬆カテドラルの現在の建物は1298年に建設が始まった。外観は19世紀にも改修されている

地中海を支配する強国に
アラゴン王国を構成

415年、ゲルマン族の一派ゴート族の族長アタウルフは軍団を率いてピレネーを越え、イベリア半島を征服し、西ゴート王国を建設する。バルセロナも西ゴート王国の支配下に置かれることになった。しかし711年、イスラムのウマイヤ朝によって西ゴート王国は征服されてしまう。

801年、カール大帝のフランク王国（カロリング朝）がスペインに進出し、対イスラム勢力の緩衝地としてスペイン辺境領を置いた。フランク王国が分裂・弱体化すると、10世紀にはバルセロナはカタルーニャ君主国として自治を確立。12世紀に入ると、アラゴン連合王国を構成する一国として勢力を拡大、アテネにまで及ぶ地中海をも支配する強国にまで成長する。

⬆カテドラルそばにあるローマ時代の城壁。ほかの時代の建築と融合したり、補修されたりで気づきにくいが、各地に痕跡が残る

イサベル女王とコロンブス
継承戦争の敗北と弾圧

15世紀中期、アラゴン王フェルナンドとカスティーリャの女王イサベルとの結婚によって、アラゴン連合王国はカスティーリャ王国と統一される。レコンキスタ（イスラム教徒に占領されたイベリア半島をキリスト教国が奪還するための活動）が1492年に完了するとフランス方面への備えもあり、王宮がバルセロナにも置かれた。だが、16世紀にはマドリードが王国の中心となり、バルセロナは衰退へ向かう。

18世紀になると、スペインの王権と領土をめぐり、継承問題が発生。フランスと対フランス諸国間にスペイン継承戦争が始まり、バルセロナは3度の包囲戦によって陥落し、スペイン軍の占領下に置かれることになった。この結果、スペイン王となったフェリペ5世によってバルセロナは自治権を失いカタルーニャ語を禁止されるなど、極端に抑圧・冷遇されることになった。

⬆1492年にイサベル女王の支援を受け新大陸を発見したコロンブスは、バルセロナの王の広場で女王に航海の成功を報告した

100 200 300 400	500 600 700	800	900	1000	1100	1200
ローマ帝国	西ゴート王国	ウマイヤ朝	フランク王国		カタルーニャ君主	
前20 ローマ人が植民市を建設	415 西ゴート王国の支配下に入る	711 イスラム、イベリア半島に	801 スペイン辺境領に	985 イスラムによる包囲を撃退 / 988 西フランク王国から独立	1137 アラゴン連合王国成立	1258 コルベイユ条約締結
同時期の日本	十七条憲法 / 大化の改新	大宝律令 / 平安京遷都	遣唐使廃止	承平・天慶の乱	白河上皇院政 / 保元・平治の乱	鎌倉幕府 / 承久の乱

172

バルセロナの歴史

文化の中心都市バルセロナの足跡

19世紀の産業革命と繁栄
富裕と文化的パトロン

19世紀、スペインの世界的な存在感は薄れており、世界を主導していたのは18世紀後半から産業革命により「世界の工場」となったイギリスだった。同じころ、バルセロナは綿織物工業が発展するなどして、スペインでは経済的に先端のエリアとなっていた。1836年にカタルーニャに蒸気機関車が登場し、1848年にはバルセロナと北東部のマタロ間にスペインで最初の鉄道が開通。木綿の大工場なども造られ、スペイン唯一の産業革命が進行する。

一方、極端な人口の流入・増加などに起因する衛生状態の悪化に悩まされることにもなった。解消のために都市の拡大計画が策定される。街を囲んでいた中世の城壁が撤去され、急速に整備が進む。都市問題を抱えながらも、バルセロナは工業都市として再生した。

その「スペインの工場」を支える実業家たちが、地方文化のパトロンとなりカタルーニャ・モデルニスモという芸術運動を生み出す基盤となっていった。ガウディを生涯にわたって支援したグエルがよく知られる。

↑モデルニスモ建築の最高傑作といわれる、カタルーニャ音楽堂。華麗な装飾が見事

モデルニスモが開花する
名建築が新しい街に出現

カタルーニャ版「アール・ヌーヴォー」とも称されるカタルーニャ・モデルニスモの芸術運動は、産業革命によって豊かになったバルセロナを中心とするカタルーニャが、かつての栄光を取り戻す動きといえるものだった。なかでも建築物はそのシンボル的存在となり、拡張されつつあるバルセロナの街を舞台に、数々の建築家たちがその腕をふるった。その代表作がガウディが設計した「サグラダ・ファミリア聖堂（→P.22）」や「グエル公園（→P.30）」「カサ・バトリョ（→P.33）」など。バルセロナ出身の建築家モンタネールの美しい「カタルーニャ音楽堂（→P.38）」や「サン・パウ病院（→P.40）」、カダファルク設計の「カサ・アマトリェール（→P.41）」も見逃せないモデルニスモの建築だ。

モデルニスモ運動は、スペイン中央政府に対するカタルーニャのアイデンティティを明確化する思想的な意図を内包していたことも見逃せない。この時期、カタルーニャ語による文芸の復興など民族主義的運動が盛んに、自治・独立を求める声も高くなった。

↑19世紀後半に生まれたのが拡張地区を意味するアシャンプラ。正方形の区画が特徴

スペイン内戦から独立運動へ
フランコの死と自治州

1936年に始まった人民戦線政府とフランコ将軍が率いる反乱軍とのスペイン内戦で、バルセロナはフランコに抗する勢力の一大拠点となった。内戦終結後、フランコ体制の下でカタルーニャは言葉をはじめ、音楽や祭礼にいたるまで厳しい弾圧をうけた。1960〜70年代になると経済は急速に回復し、フランコ死去後、1979年にカタルーニャ自治州が誕生。1992年にはバルセロナで夏季オリンピックが開催され、世界的な都市になった。現在、カタルーニャの最大の問題はスペインからの独立運動で、今後の動向が注目されている。

世界的芸術家がいっぱい
天才も奇才も生み出す

カタルーニャは多くの世界的芸術家のゆかりの土地で、現代絵画の大家ピカソ、ミロ、ダリの3人がその筆頭に挙げられる（→P.47）。バルセロナ生まれの現代芸術家アントニ・タピエスは、カタルーニャの風土を感じさせる作品が国際的な名声を博している。20世紀を代表するチェリストであり、指揮者・作曲家でもあったパウ（パブロ）・カザルスは、カタルーニャに生まれ、バルセロナでチェロを学んだ。スペイン内戦後は、フランコに反対しプエルトリコに移住、スペインには二度と戻らなかった。3大テノール歌手のひとりとして世界的に人気のホセ・カレーラスもバルセロナの出身だ。

1400	1500	1600	1700	1800	1900	2000
	スペイン王国			ブルボン朝		
1479 フェルナンド2世がアラゴン王に	1492 レコンキスタ完了	1640 カタルーニャ反乱	1701 スペイン継承戦争	1716 カタルーニャ、自治権喪失 / 1793 ピレネー戦争	1808 アメリカ＝スペイン戦争 / 1820 王政復古 / 1833 第一次カルリスタ戦争 / 1872 第三次カルリスタ戦争 / 1888 バルセロナで万国博 / 1898 米西戦争	1931 バルセロナでクーデター起こる / 1936 スペイン内戦（〜39） / 1931 スペイン革命（共和制に）/ 1975 軍事独裁 / 1975 フランコ死去 / 1978 新憲法制定 / 1979 カタルーニャ自治州発足 / 1992 バルセロナ・オリンピック
室町幕府		織田信長入京 / 豊臣秀吉関白	江戸幕府	生類憐みの令 / 享保の改革 / 寛政の改革 / 天保の改革	明治維新 / 日米和親条約 / 日清戦争 / 日露戦争 / 関東大震災	

INDEX

ハルカナ ✈ 旅を豊かで楽しくするスポット | **INDEX** | **インデックス**

◆ 観光

あ アントニ・タピエス美術館 ･･････ 39
エル・プラット空港 ･･････････ 12
オーディトリ・デ・バルセロナ ･･･ 154
か カイシャ・フォルム ･･････････ 42
ガウディ・エキシビション・センター ･ 141
ガウディ通り ･････････････ 29
ガウディ博物館 ･･･････････ 31
ガウディ広場 ････････････ 29
カサ・アマトリエール ･･･････ 41
カサ・カルベット ･･････････ 35
カサ・バトリョ ･･･････････ 33
カサ・ビセンス ･･･････････ 35
カサ・マルティ（クアトラ・ガッツ） ･ 41
カサ・ミラ（ラ・ペドレラ）･･･ 29･32
カサ・リュオ・モレラ ･･･････ 39
カタルーニャ音楽堂 ･･････ 38･154
カタルーニャ建築家協会 ･･･････ 46
カタルーニャ考古学博物館 ････ 150
カタルーニャ国立劇場 ･･･････ 154
カタルーニャ美術館 ･･･････ 51
カタルーニャ歴史博物館 ･･･････ 149
カテドラル（バルセロナ）･･････ 140
カンプ・ノウ・スタジアム ･･･････ 73
ギナルト公園 ････････････ 54
グエル公園 ････････ 29･30･55
グエル邸 ･･････････････ 34･57
グエル別邸 ･･･････････ 35
コドルニウ ･････････････ 68
コリセウム劇場 ･･･････････ 154
コロンブスの塔 ･･････････ 57
さ サグラダ・ファミリア聖堂 ･･･ 12･23
サン・アントニ市場 ･･････ 13･131
サン・ジョセップ市場 ･･････ 56･58
サンタ・カタリーナ市場 ･･･ 43･130
サンタ・テレサ学院 ･･･････ 36
サンタ・マリア・デル・マル教会 ･･ 142
サン・パウ病院 ･･･････････ 40
スペイン村 ･････････････ 151
た チョコレート博物館 ･･･････ 138
テアトル・ポリオラマ ･･･････ 154
ティビダボの丘 ･･･････････ 52
デザイン博物館 ････････ 43

トーレ・アグバル ･･･････････ 42
な ニノット市場 ･･･････････ 131
は パラウ・ダルマサス ･･･････ 154
パラシオ・デル・フラメンコ ･･･ 154
バルセロナ海洋博物館 ･･････ 144
バルセロナ現代美術館（MACBA）
･･･････････････ 46･144
バルセロナ・シティ・ホール ･･･ 154
バルセロナ市歴史博物館 ･･･ 140
バルセロナ水族館 ･･･････ 149
バルセロナ動物園 ･･･････ 143
ピカソ美術館 ･･･････････ 44
フォーラムビル ･･･････････ 42
プラヤ・デ・ラ・バルセロネータ ･･ 149
フレシネ ･･･････････････ 70
フレデリク・マレス美術館 ･･･ 141
ボルン・カルチャー・センター ･･･ 143
ま ミリャーレス邸の門 ･･･････ 36
ミロ公園 ･･･････････････ 49
ミロのモザイク床 ･･･････ 49･56
ミロ美術館（バルセロナ）･･････ 48
モンジュイックの丘 ･･･････ 54
モンジュイック城 ･･･････ 150
や 遊覧船ゴロンドリナス号 ･･･ 148
ら ラス・プンシャス集合住宅 ･･･ 41
リセウ大劇場 ･･･････････ 154
レイアール広場 ･･･････････ 57
ロス・タラントス ･･･････････ 154

◆ グルメ

あ アバック ･･･････････････ 97
アルキミア ･･････････････ 97
イラティ ･･･････････････ 64
エスクリバ ･･････････････ 105
エニグマ ･･･････････････ 94
エル・コルドベス ･･･････････ 75
エル・シャンパニェト ･･･････ 61
エル・ナシオナル ･･･････ 110
か カエルム ･･･････････ 104･109
カサ・ジョルディ ･･･････････ 99
カフェス・エル・マグニフィコ ･･･ 109
カフェ・ダ・ラカデミア ･･･････ 62
カフェ・デ・ラ・オペラ ･･････ 108

カフェ・デ・ラ・ペドレラ ･･･････ 32
カフェ・バラウ ･･･････････ 39
カ・ラ・ヌリ・プラヤ ･･･････ 103
カル・ペップ ･･･････････ 60
カン・クジェレタス ･･･････ 99
カン・バイシャノ（ラ・シャンパネリア）
･･･････････････ 66
カン・マジョ ･････････････ 101
キオスコ・ウニベルサル ･･･ 102
キム・ド・ラ・ボケリア ･･･････ 58
キメ・キメ ･･･････････････ 61
クアトラ・ガッツ ･･･････････ 46
クアトラ・コザス ･･･････ 109
グランハ・ラ・パリャレサ ･･･ 105･106
さ シンク・センティッツ ･･･････ 96
スクレント ･･･････････････ 63
セニョール・パラリャーダ ･･･ 99
セルベセリア・カタラナ ･･･････ 66
た タクティカ・ベリ ･･･････････ 65
タベルナ・カン・マルガリット ･･ 71
チェリフ ･･･････････････ 103
チケッツ ･･････････････ 62
チャペラ ･････････････ 64
チュレリア・マネル・サン・ロマン ･ 107
チュレリア・ライエタナ ･･････ 106
チリンギート・エスクリバ ･･･ 100
ディスフルタール ･･･････ 95
ドルシネア ･････････････ 107
は パラウ・ダルマセス ･･･････ 75
バル・ジョアン ･･･････････ 102
バル・デル・プラ ･･･････ 61
ビア・ベネト ･････････････ 97
ピノチョ・バル ･････････ 58
プボ ･････････････････ 105
ボデーガ1900 ･････････ 95
ボデガ・ラ・パルマ ･･･････ 67
ま メソン・デル・カフェ ･･･････ 108
モンビニック ･･･････････ 71
ら ラ・コバ・フマーダ ･･･････ 67
ラサルテ ･･･････････････ 96
ラス・キンザ・ニッツ ･･･････ 100
ラ・タスケータ ･･･････････ 65
ラ・タベルナ・デル・クリニック ･ 63
ラ・パスティセリア・バルセロナ ･･ 104

174

ラ・ビニャ・デル・セニョール ･･････ 71
ラ・マル・サラダ ････････････････ 101
リャンベール ･･････････････････ 63
ロス・カラコレス ･･･････････････ 98
ロス・タラントス ･･･････････････ 75

◆ ショッピング

,248 ･･････････････････････ 120
1748アルテサニア・イ・コサス ････ 126
🔵 アート・エスクデジェルス ･･･････ 127
アマポーラ・ビオ・コスメティックス ･･ 129
アルキミア・ストア＆スパ ････････ 129
アルテム・アトリエ ････････････ 120
ヴィアリス ･･･････････････････ 116
エストゥーディ・ストゥーディオ ････ 115
エリサ ･･････････････････････ 59
エル・コルテ・イングレス ･･･････ 132
エントレ・ラタス ･･････････････ 137
オリスオリーバ ･･･････････････ 135
オリマール ･･･････････････ 128・134
オロ・リキッド ･････････････ 128・134
🟣 カカオ・サンパカ ･･･････････ 138
カサ・ジスベール ･････････････ 136
カサ・ビバ ･･･････････････････ 127
カルフール ･･････････････････ 133
カンベール ･･････････････････ 117
コルマード ･･････････････････ 121
🔵 サバテル・エルマーノス ･･･････ 122
サンタ・エウラリア ････････････ 121
スーペルコル・エクスプレス ･･･････ 133
セクレツ・デル・メディテラニ ･･･････ 137
セレリア・スビラ ･･････････････ 124
🟤 ティエンダ・バラウ・モハ ･･･････ 123
デシグアル ･･････････････････ 115
トウス ･･････････････････････ 118
ドゥルニ ････････････････････ 129
トゥロン・ラ・カンパーナ ････････ 136
トゥロンス・ビセンス ･･･････････ 136
ドス・イ・ウナ ･･･････････････ 123
🔵 ヌ・サバテス ･････････････････ 117
🟠 パパブブレ ･････････････････ 137
バルサ・ストア カナレタス ･･･････ 13
ビンバ・イ・ロラ ････････････ 114
ファボリット・カサ・アマトリエール
････････････････････････ 138

プリティ・バレリーナ ･･･････････ 117
ベアトリス・フレスト ･･･････････ 119
🔵 マルコス・ボケリア886 ･･･････ 59
マンゴ ･･････････････････････ 115
ミサイ ･･････････････････････ 118
ミュニック ･･･････････････････ 117
メルカドーナ ････････････････ 133
🔵 ユニクロ グラシア通り店 ･･･････ 13
🔵 ライア・バビオ ･･･････････････ 114
ライマ ･･････････････････････ 125
ラ・カイシャ・デ・ファング ････････ 126
ラ・チナタ ･･･････････････ 129・135
ラ・ノストラ・シウタット ･････････ 124
ラ・ボルセラ ･････････････････ 125
ラ・マヌアル・アルバルガテーラ ･･････ 116
リサ・レンブ ･････････････････ 119
リヤドロ ････････････････････ 127
ルボ・バルセロナ ･･････････････ 119
🔵 ワワス・バルセロナ ･･･････････ 122

◆ ホテル

🔴 アイレ・ホテル・ロセリョン ･･･ 29・157
アルマ・バルセロナ ････････････ 156
アンティベス ････････････････ 160
HCCレベンテ ････････････････ 160
エクセ・クリスタル・パラセ ･･･････ 160
NHコレクション・バルセロナ・ポディウム
････････････････････････ 160
エル・アベニーダ・パラセ ････････ 160
エル・パレス ････････････････ 160
🟠 ガウディ ･･･････････････････ 160
カサ・カンベール ･･････････････ 156
カサ・フステル ･･･････････････ 159
コロン ･･････････････････････ 159
コンデス・デ・バルセロナ ････････ 160
🔴 サー・ビクトール ････････････ 160
スイーツ・アベニュー ･･･････････ 160
🟠 プラクティック・ベーカリー ･･････ 157
ホテル・エスパーニャ ･･･････････ 159
ホテル・ザ・セラス ･･･････････ 157
ホテル・ソフィア・バルセロナ ･････ 160
マジェスティックホテル・アンド・スパ
････････････････････････ 158
🔴 モニュメント・ホテル ･･･････････ 159
🔴 リアルト ･･･････････････････ 160

◆ 近郊の街

🟤 アラブ浴場 ･････････････････ 83
アルムダイナ宮殿 ･････････････ 88
イリェタス海岸 ･･･････････････ 89
🟠 回教徒浴場 ･････････････････ 88
カウ・フェラット美術館 ･････････ 85
カテドラル（ジローナ） ･･･････････ 82
カテドラル（タラゴナ） ･･･････････ 81
カテドラル（マヨルカ） ･･････ 36・88
カラ・コンテ ････････････････ 90
カラ・タリーダ ･･･････････････ 90
ガラ・ダリ城美術館 ･･･････････ 51
カラ・マジョール ･････････････ 89
旧ユダヤ人居住区 ･･･････････ 82
公共広場 ･･･････････････････ 81
考古学の道 ･････････････････ 81
考古学博物館 ･･･････････････ 81
コロニア・グエル教会 ･･･････････ 84
🔵 サン・アントニ ･･････････････ 90
サン・ジョアン ･･･････････････ 79
サンタ・コバ ････････････････ 79
聖堂（モンセラット） ･･･････････ 78
初期キリスト教時代の墓地 ･･････ 81
セ・サリナス ････････････････ 90
ソーイェル ･･････････････････ 89
🔴 ダリ劇場美術館 ･････････････ 50
ダリの家美術館 ･･･････････････ 51
ドラック洞窟 ････････････････ 89
🟠 バルデモサ ･････････････････ 89
パルマ海岸 ･････････････････ 89
プラヤ・デン・ボッサ ･･･････････ 90
ベルベル城 ･････････････････ 89
ボデガス・グエル ････････････ 36
🔴 マヨルカ博物館 ･････････････ 89
マリセル美術館 ･･･････････････ 85
ミロ美術館（マヨルカ島） ･･･ 49・89
モンセラット美術館 ･･･････････ 78
🔴 ラス・ファレラス水道橋 ･･･････ 80
ローマ円形競技場 ･･･････････ 81

175

STAFF

● 編集制作 Editors
K&Bパブリッシャーズ K&B Publishers

● 取材・執筆 Writers
マイアットかおり　Kaori Myatt
浅田真代　Masayo Asada
遠藤優子　Yuko Endo
重松久美子　Kumiko Shigematsu
西連寺くらら　Kurara Sairenji
成沢拓司　Takuji Narisawa
立岡美佐子　Misako Tateoka
嶋嵜圭子　Keiko Shimazaki
堀井美智子　Michiko Horii
伊藤麻衣子　Maiko Ito
内野究　Kiwamu Uchino

● 撮影 Photographers
フィルマ・ティー・プロダクション　Filma-T Producciones
ジョアン・フィグエラス・ベロ　Joan Figueras Bello
ライア・ヴァリエンテ　Laia Valiente
アナ・モラデル・カサデモント　Anna Moradell Casademont

● コーディネート Coordinator
Word Connection JAPAN

● カバー・本文デザイン Design
山田尚志 Hisashi Yamada

● 地図制作 Maps
トラベラ・ドットネット TRAVELA.NET

● 表紙写真 Cover Photo
アフロ

● 写真協力 Photographs
FC Barcelona
(Cristina González, Miguel Ruiz, Santiago Garcés, Victor Salgado)
123RF
iStock.com
PIXTA

● 総合プロデューサー Total Producer
河村季里 Kiri Kawamura

● TAC出版担当 Producer
君塚仁 Futoshi Kimizuka

● TAC出版海外版権担当 Copyright Export
野崎博和 Hirokazu Nozaki

● エグゼクティヴ・プロデューサー Executive Producer
猪野樹 Tatsuki Ino

ハルカナ　バルセロナ

2020年2月29日　初版　第1刷発行

著　者	TAC出版編集部
発 行 者	多 田 敏 男
発 行 所	TAC株式会社 出版事業部 （TAC出版）

〒101-8383 東京都千代田区神田三崎町3-2-18
電話 03(5276)9492(営業)
FAX 03(5276)9674
https://shuppan.tac-school.co.jp

印　刷	株式会社　光邦
製　本	東京美術紙工協業組合

©TAC 2020　Printed in Japan　ISBN978-4-8132-8622-6
N.D.C.293　　　　　　落丁・乱丁本はお取り替えいたします。

本書は、「著作権法」によって、著作権等の権利が保護されている著作物です。本書の全部または一部につき、無断で転載、複写されると、著作権等の権利侵害となります。上記のような使い方をされる場合には、あらかじめ小社宛許諾を求めてください。

視覚障害その他の障害により視覚による表現の認識が困難な方のためにする本書の複製にあたっては、著作権法の規定で認められる範囲内において行ってください。

otonatabi premium

付録

CONTENTS
カタルーニャ…P2
バルセロナ…P4
グラシア〜アシャンプラ…P6
モンジュイック〜旧市街…P8
バルセロナ市街東部…P10
グラシア通り…P12
ゴシック地区周辺…P14
バルセロナの市内交通…P16

バルセロナ
MAP
街歩き地図

街の
交通ガイド
付き

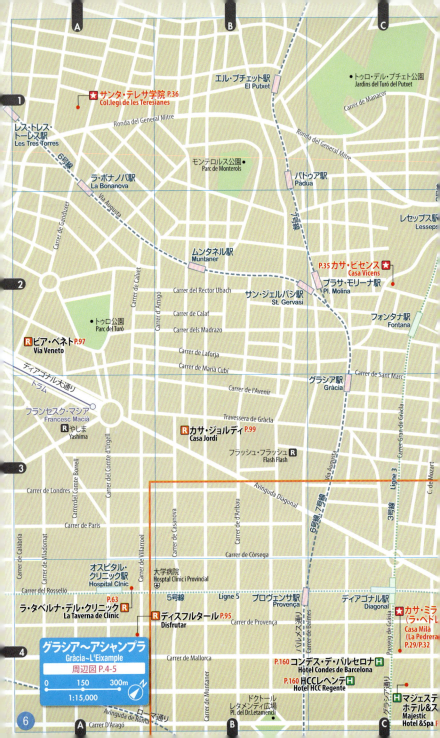

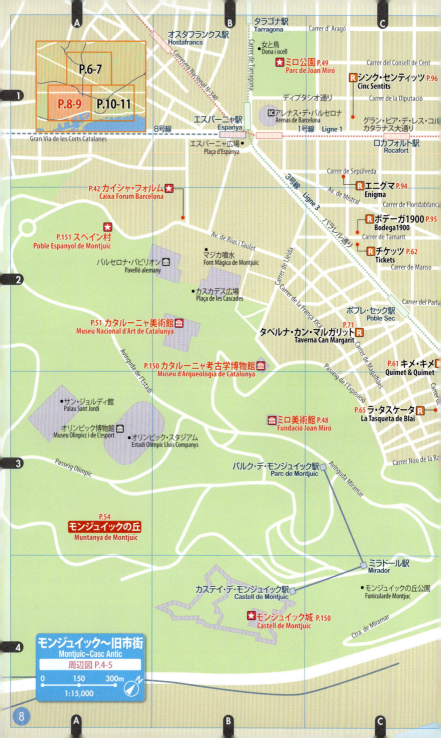

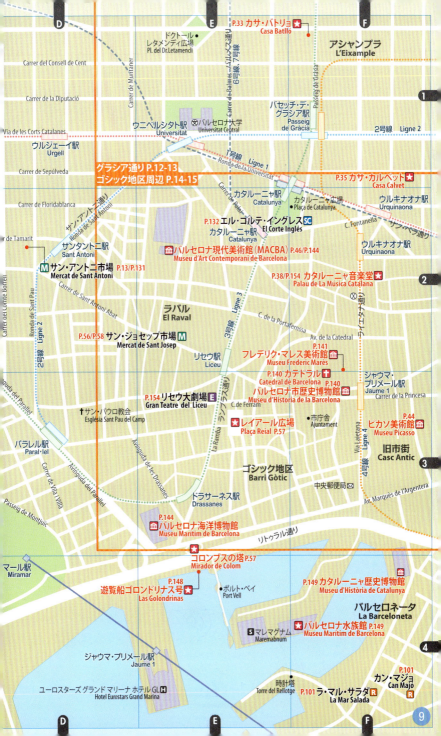

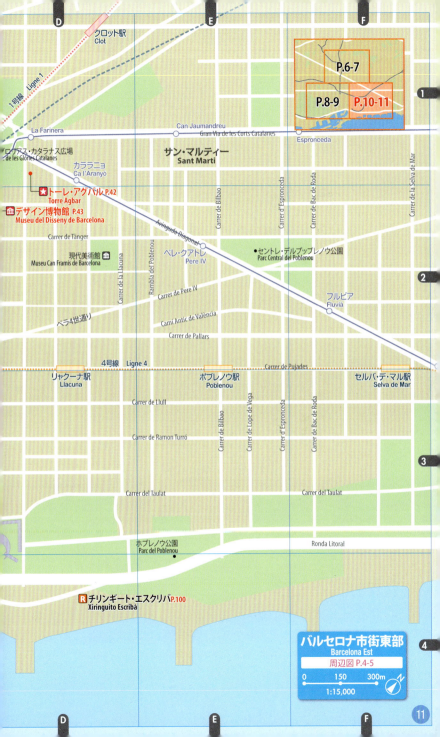

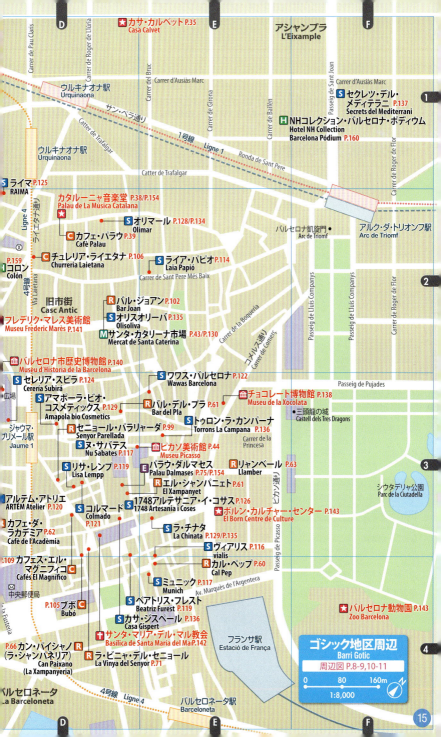

TRAFFIC INFORMATION
バルセロナの市内交通

移動手段の基本となるのは地下鉄。チケットはそのほかの交通機関と共通なので、回数券を利用するとお得。タクシーも使いやすく、効率や安全のため積極的に活用したい。

乗り方簡単、日中の移動に

  地下鉄 Metro

\赤いMが地下鉄のマーク/

全11路線があり、TMB(バルセロナ交通局)が主要路線を、近郊路線をFGC(→P.20)が運営している。料金は地下鉄のほかバスや鉄道も共通のゾーン制で、地下鉄で行ける範囲はすべてゾーン1に入っている。ただし、9号線でエル・プラット空港発着の際のみ、特別なチケットが必要となる。運行時間は通常5～24時で、金曜と祝前日は翌2時まで、土曜は深夜も運行しており、日曜24時まで通し運行する。路線図上では、「L1」「L2」などの表示。駅・車内での置き引きやすりが多発しているため、十分な注意を。

チケットの種類

地下鉄、バス、トラムなどのチケットは共通。基本の1回乗車のほか、回数券やトラベルパスがある。最初の乗車から75分以内であれば、別の交通機関へ同一のチケットで乗り換えることができる(ゾーン1の場合)。2020年1月現在ICカードはない。

\どのチケットも券売機ではデザインが共通/

少ない回数しか利用しないなら
シングル・チケット Bitllet senzill

1回のみ乗車できるチケット。回数券に比べると1乗車につき2倍以上の料金になるため、5回以上乗車するならば、回数券のほうが割安になり、使い勝手も良い。

購入場所	空港駅を除く駅の窓口、自動券売機
料金	ゾーン1のみ€2.40、空港駅は利用不可
有効期限	入場から75分間乗り換え可能

便利で使いやすい個人用回数券
T-カジュアル Targeta T-casual

10回乗車できるチケット。乗車の都度買わなくて済み使いやすい。残り回数は改札を通すと表示される。以前販売されていたT-10と違い、複数人での同時利用は不可。

購入場所	駅の窓口、自動券売機
料金	ゾーン1€11.35～、空港駅は利用不可
有効期限	入場から75分間乗り換え可能

グループ旅行に最適な回数券
T-ファミリアー Targeta T-familiar

8回乗車できるチケット。利用方法はT-カジュアルと変わらないが、複数人での利用が可能。1乗車あたりの料金はやや割高。2020年3月から販売開始。

購入場所	駅の窓口、自動券売機
料金	ゾーン1€10～、空港駅は利用不可
有効期限	入場から75分間乗り換え可能。最初の利用から30日

集中して動きまわる一日に
T-ディア Targeta T-dia

該当のゾーン内であれば24時間乗り降り自由となる。空港までの9号線も1往復まで乗車できる。

購入場所	駅の窓口、自動券売機
料金	ゾーン1€10.50～
有効期限	最初の利用から24時間

空港専用のチケット
エアポート・チケット Bitllet aeroport

エル・プラット空港とゾーン1内の駅の移動に必要となる。空港からの移動に地下鉄を使うならば、T-ディアやオラ・バルセロナの購入も検討しよう。

購入場所	駅の窓口、自動券売機
料金	€5.15
有効期限	最初の利用から24時間

1枚あれば期間内乗り放題
オラ・バルセロナ Hola Barcelona Travel Card

有効期間中ゾーン1内の公共交通機関が乗り放題になる、旅行者用のトラベルカード。5日券まであり有効期間は日付ではなく、24時間単位でカウントされる。空港までの9号線でも利用可能。オンラインで事前購入すると10％割引で購入できる。受け取りは地下鉄駅の窓口に購入したらメールで届くコードを持参する。

購入場所	駅の窓口、自動券売機
料金	2日券€16.30、3日券€23.70など
有効期限	最初の利用から48、72時間など
URL	https://www.holabarcelona.com

地下鉄の乗り方

1 改札を通る
チケットに書かれている矢印の向きに改札に挿入。少し待つと上部から出てくる。チケットを回収するとゲートが開く。古い改札ではチケットの挿入箇所が左側にあることも。

2 ドアを開けて乗車する
ホームには次の電車が来るまでの時間が表示されている。車両のドアは手動なので、内側から開ける人がいなければ、ハンドルかボタンでドアを開ける。ドアは出発時には自動で閉まる。

3 降車する
ハンドルかボタンでドアを開けて降車。乗り換える場合は、「L1」などの表示を見て乗り換えるホームへ移動。出口は「Sortida」。改札を出る際はチケットを通さなくてよい。

自動券売機の使い方

1 チケットを選択する
画面をタッチすると、チケット選択画面となる。オラ・バルセロナなどを事前に購入している場合は、左下の赤いボタンにタッチして、コードを入力。右下の表示で言語を変更できるが、難しいものではないのでそのままでもあまり問題ないはず。

2 枚数を選択する
枚数を「+」と「-」にタッチして選択する。進むときは左下の「Confirmar」にタッチ。T-カジュアルなどは、適用されるゾーンも選択する。

3 料金を投入する
表示されている金額を投入する。使えない紙幣には「×」がついているので、それ以外で支払う。おつりはすべて硬貨で出てくる。クレジットカードの場合は、挿入すると暗証番号を入力する画面となる。入力する際は番号を手で隠す。入力後は支払い通貨を選ぶ画面になる。支払いが終了しても、カードは出てこずアラート音もないので、カードを抜き出すのを忘れずに。

4 チケットを受け取る
購入したチケットが下から出てくる。現金の場合は、おつりも同じ場所から出てくる。

地下鉄での注意事項
券売機付近、混雑した車内や降り口、エスカレーターではすりや置き引きが多発しているので荷物は常に抱えるようにする。ホームでは壁を背中にする、混んでいる車両は避けるなど十分な注意を。チケットは出口では不要だが、検札もあるので到着駅まで保管を。

主な地下鉄の路線

路線名	色	路線の概要	主な乗り換え駅
1号線 L1		エスパーニャ広場、カタルーニャ広場、ウニベルシタット駅など交通の要衝を経由する。	Plaça da Sants、Espanya、Universitat、Catalunya、La Sagrera駅
2号線 L2		グラシア通りやサグラダ・ファミリアを経由する観光に便利な路線。	Sagrada Família、Passeig de Gràcia、Universitat、Paral-lel駅
3号線 L3		鉄道のサンツ駅、エスパーニャ広場、カタルーニャ広場、グラシア通りのほか、カンプ・ノウへの最寄り駅もある。	Sants Estació、Espanya、Universitat、Catalunya、Passeig de Gràcia、Diagonal駅

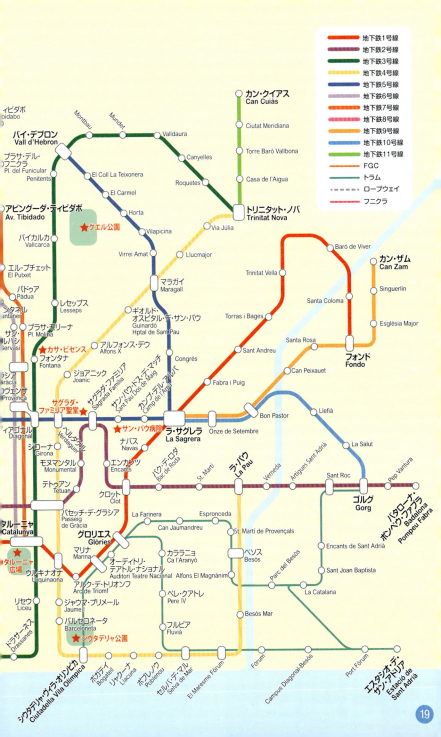

バルセロナ近郊を結ぶ

🚆 近郊鉄道 Rodalies de Catalunya - Renfe

スペインの国鉄Renfeが運営する鉄道。バルセロナ近郊区間は、地下鉄と共通のゾーン制の料金システム。路線図上では「R1」「R2」などの表示で、エル・プラット空港とサンツ駅を結ぶR2N(Nord)線などがある。乗り方はチケット購入時に目的駅を選ぶのと降りる際にもチケットを改札に通すほかは、地下鉄とほぼ同じ。

地元に密着した路線

🚆 FGC Ferrocarrils de la Generalitat de Catalunya

カタルーニャ州の公営鉄道で、近郊鉄道と同様に地下鉄と共通のゾーン制の料金システムとなっている。路線図で「S1」「S2」などの表記がされる8路線のほか、地下鉄の6〜8号線、近郊鉄道のR5・6線もFGCの運営。バルセロナ中心部では、カタルーニャ広場とエスパーニャ広場が起点で、モンセラットやコロニア・グエルなどに行く際に利用する。乗り方はチケット購入時に目的駅を選ぶのと降りる際にもチケットを改札に通すほかは、地下鉄とほぼ同じ。

ローカルの通勤用交通機関

🚆 トラム Tram

フランセスク・マシア駅を起点とするTrambaix(トラムバス)のT1〜3、シウタデリャ・ヴィラ・オリンピカ駅を起点とするTrambesòs(トランベソス)T4〜6の2系統6路線が運行されている。観光エリアではないため、あまり使用することはない。料金は地下鉄と共通のゾーン制ですべてゾーン1内で乗車した際に、チケットを機械に通す。ティビダボを走るブルートラムもあるが、2020年現在設備更新のため運休中。

使いこなせたらとても便利

🚌 路線バス Autobus

100近い路線で街を網羅している。路線が複雑で利用は難しく感じるが、車窓の風景を見ながらの移動は地下鉄では味わえない楽しみ。観光客の利用が少ないため、観光客狙いのすりなどの心配は少ない。料金は地下鉄などと共通のゾーン制でチケットも共通。地下鉄入場後75分以内であれば、同一乗車とみなされる。

路線の種類

ツーリスト・インフォメーションで紙の路線図が手に入るほか、TMBのサイトで路線図のPDFが配信されているので入手するか、乗り換えアプリ「TMB App」を利用したい。路線名に付いたHは海岸線と平行、Vは垂直、Dは斜めに走ることを表し、Nは22時以降運行するナイトバス。各バス停でバス停名の表示はなく、通りや広場の名前でどのバス停か区別している。市内は一方通行が多いため、同じ路線でも行きと帰りでバス停が離れていることも多い。

バスの乗り方

❶ バス停を探す
バス停は赤い「B」が目印。路線名と行き先が表示されている。電光掲示板があるバス停には次のバスが到着するまでの待ち時間が表示されている。

❷ バスに乗車する
乗車したいバスが近づいたら手を挙げて合図を。乗車は前のドアから。地下鉄からの乗り換えやT-カジュアルなどを持っていれば、機械にチケットを通す。1回券は運転手から購入することもできる。

❸ 下車する
目的地が近づいたら車内の赤いボタンを押して合図を。降車は前後どちらからでもOK。

📍 観光バス「バス・ツリスティック」

観光名所を2階建てバスで周回する観光バスも有用。乗り降り自由で、路線もわかりやすい。(→本誌P152)

安心で料金も高くなく使いやすい

 タクシー Taxi

どこから乗る?

黄色と黒のツートンカラーが正規タクシー。広場などに乗り場もあるが、流しのタクシーも簡単につかまる。白タクはほとんどおらず、料金もメーター制なので、安心して利用できる。

どうぞ～

料金はどのくらい?

初乗り€2.25で、1kmあたり€1.18、待機時間1時間あたり€22.60が基本料金。平日20:00〜翌8:00と土・日曜、祝日は1kmごとに€1.41。いくつかの特別料金(suplments)があり、空港での乗り降り、港での乗車には€4.30、サンツ駅と見本市会場での乗車には€2.50が加算される。また、空港での乗り降りには、€20の最低料金が設定されている。2019年まで荷物にも特別料金があったが廃止されている。怪しいと感じたら、レシートを要求しよう。

バルセロナのタクシー料金

初乗り	€2.25
平日8:00〜20:00	€1.18/km(€22.60/1h)
平日20:00〜翌8:00、土・日曜、祝日終日	€1.41/km(€22.60/1h)

モンジュイックへの登山電車

 フニクラ Funiclar

地下鉄2・3号線パラレル駅とモンジュイックの丘の上のパルク・デ・モンジュイック駅をつなぐ。ゾーン1内のため、パラレル駅まで地下鉄やバスで来ていれば同じチケットで乗り換えでき、実質的に無料で利用できる。ほかにティビダボやバルビドレラにもある。

海岸沿いと丘の上を結ぶ

 ロープウェイ Teleféric del Port (Cable Car)

バルセロネータとモンジュイックをつなぐ赤いレトロなロープウェイ。絶景が望め人気。料金は片道€11、往復€16.50。季節により異なるが10:30〜19:00の運行。モンジュイック城へ続く線もあり、こちらは往復€13.50。

タクシーの乗り方

1 タクシーに乗る

タクシー乗り場か、流しのタクシーをつかまえる。空車は屋根の上の緑のランプと、フロントガラスの「LIBRE」、もしくは「LLIURE」が目印。満車は「OCUPADO」。ドアは自分で開けて乗車する。

2 タクシーを降りる

悪質なドライバーは少ないが、メーターが動いているかは確認。目的地に着いてからsuplmentsがメーターの金額に加算される。不審な追加料金があれば確認を。チップは€1未満の端数程度が一般的。右側通行なので、右側から降りよう。

📍 自動車配車アプリ

バルセロナでは、配車サービスで有名な「Uber」などは撤退しており、既存のタクシーを利用する「FREENOW(Mytaxi)」のみが提供されている。通常利用と同じくメーター制と事前に提示される固定料金を選んで、アプリ経由で支払い。なお呼び出しの場合は、€7の最低料金が設定されている。

自由にバルセロナを動きまわる

レンタサイクル Alquier de

自転車用の道路も整備されており、自転車での移動も快適。市内にはレンタサイクルの店がいくつかあり、料金は4時間€10など。公営のレンタサイクル「Bicing」もあるが、残念ながら観光客は利用できない。

旅の英語 +カタルーニャ語&スペイン語

ENGLISH, CATALAN & SPANISH CONVERSATION

バルセロナは国際都市なので、スペインのなかでは比較的英語が通じる。現地語を話すと喜んでもらえるかも。

基本フレーズ

☐ をください（お願いします）。
☐ , please.
プリーズ

ex. コーヒーをください。
Coffee, please.
コーフィー プリーズ

☐ はどこで買えますか。
Where can I get ☐ ?
ウェア キャナイ ゲット

ex. 水はどこで買えますか。
Where can I get mineral water?
ウェア キャナイ ゲット ミネラル ウォーター

☐ へはどうやって行けばいいですか。
How do I get to ☐ ?
ハウ ドゥ アイ ゲットゥ

ex. ランブラス通りへはどうやって行けばいいですか。
How do I get to la Ramnbla ?
ハウ ドゥ アイ ゲットゥ ラ ランブラ

《タクシー内で》☐ まで行ってください。
To ☐ , please.
トゥ プリーズ

ex. サグラダ・ファミリアまで行ってください。
To Sagrada Família, please.
トゥ サグラダ ファミリア プリーズ

タクシー乗り場はどこですか。
Where can I get a taxi ?
ウェア キャナイ ゲッタ タクスィー

《地下鉄・バス内で》この席は空いていますか。
May I sit here ?
メアイ シット ヒァ

両替はどこでできますか。
Where can I exchange money ?
ウェア キャナイ エクスチェンジ マニー

写真を撮っていただけますか。
Could you take our pictures ?
クッジュー テイク アワ ピクチャーズ

日本語を話せる人はいますか。
Is there anyone who speaks Japanese ?
イズ ゼア エニワン フゥ スピークス ジャパニーズ

トイレはどこですか。
Where is the restroom ?
ウェア イズ ダ レストルーム

ショップ・レストランでの会話

試着してもいいですか。
Can I try it on ?
キャナイ トゥライット オン

大きい（小さい）サイズはありませんか。
Do you have a bigger(smaller) one ?
ドゥ ユー ハヴァ ビッガー（スモーラー） ワン

これはいくらですか。
How much is this ?
ハウ マッチ イズ ディス

返品（交換）したいのですが。
I'd like to return(exchange) this.
アイドゥ ライク トゥ リターン（エクスチェンジ） ディス

おすすめの料理はどれですか。
What is the recommended dish ?
ホワッツイズ ザ リコメンデッド ディッシュ

注文してもいいですか。
May I order ?
メアイ オーダー

会計をお願いします。
Check, please.
チェック プリーズ

ホテルでの会話

荷物を預かってください。
Please keep my luggage.
プリーズ キープ マイ ラゲッジ

部屋のシャワーが壊れています。
Shower is broken in my room.
シャワー イズ ブロークン イン マイ ルーム

Wi-Fiのパスワードを教えてください。
Could you tell me the Wi-Fi password ?
クッジュー テルミー ザ ワイファイ パスワード

締め出されてしまいました。
I locked myself out.
アイ ロックド マイセルフ アウト

チェックアウトお願いします。
Check out, please ?
チェック アウト プリーズ

タクシーを呼んでください。
Could you call a taxi ?
クッジュー コーラァ タクスィ

カタルーニャ語&スペイン語の基本単語

●あいさつ／応答

やあ
[カ]Hola
オラ
[ス]Hola
オラ

おはよう
[カ]Bon dia
ボン ディア
[ス]Buenos días
ブエノス ディアス

こんにちは
[カ]Bona tarda
ボナ タルダ
[ス]Buenas tardes
ブエナス タルデス

こんばんは
[カ]Bona nit
ボナ ニット
[ス]Buenas noches
ブエナス ノーチェス

ありがとう
[カ]Gràcies/Mercí
グラシアス/メルシ
[ス]Gracias
グラシアス

ごめんなさい
[カ]Ho sento
ウ センテュ
[ス]Lo siento
ロ シエント

さようなら
[カ]Adeú
アデウ
[ス]Adiós/Caho
アディオス / チャオ

お願いします
[カ]Si us plau
シ ウス プラウ
[ス]Por favor
ポル ファボール

はい/いいえ
[カ]Si/No
シ / ノ
[ス]Si/No
シ / ノ

●街なかで

出発
[カ]Sortida
ソルティーダ
[ス]Salida
サリーダ

到着
[カ]Arribada
アリバーダ
[ス]Llegada
ジェガーダ

入口
[カ]Entrada
エントラーダ
[ス]Entrada
エントラーダ

出口
[カ]Sortida
ソルティーダ
[ス]Salida
サリーダ

駅
[カ]Estació
エスタシオ
[ス]Estacion
エスタシオン

トイレ
[カ]Lavabos
ラバブス
[ス]Baño
バーニョ

地図
[カ]Mapa
マパ
[ス]Mapa
マパ

チケット・きっぷ
[カ]Bitllet
ビリェット
[ス]Billete
ビジェテ

時刻
[カ]Hora
オラ
[ス]Hora
オラ

●料理・食材

肉類
[カ]Carn
カルン
[ス]Carne
カルネ

魚類
[カ]Peix
ペイシュ
[ス]Marisocos
マリスコス

サラダ
[カ]Amanida
アマニダ
[ス]Ensalada
エンサラダ

スープ
[カ]Sopa
ソパ
[ス]Sopa
ソパ

デザート
[カ]Postres
ポストラス
[ス]Postre
ポストレ

水
[カ]Aigua
アイグア
[ス]Agua
アグア

ワイン
[カ]Vi
ビ
[ス]Viño
ビーニョ

ビール
[カ]Cervesa
サルベザ
[ス]Cerveza
セルベサ

おいしい
[カ]Molt bo
モルポ
[ス]Muy bien
ムイ ビエン

●トラブル時

警察
[カ]Policia
プリシア
[ス]Policía
ポリシア

病院
[カ]Hospital
ウスピタル
[ス]Hospital
オスピタル

日本領事館
[カ]Consolat de Japó
クンスラット デ ジャポー
[ス]Consulado de Japón
コンスラド デ ハポン

盗難証明書
[カ]Certificat de robatori
セルティフィカット デ ロバトリ
[ス]Celficado de robo
セルフィフィカード デ ロボ

パスポート
[カ]Passaport
パサポルト
[ス]Pasaporte
パサポルテ

クレジットカード
[カ]Targeta de crèdit
タルヘタ デ クレディト
[ス]Tarjeta de credito
タルヘタ デ クレディト

泥棒
[カ]Lladre
リャドレ
[ス]Ladrón
ラドロン

助けて!
[カ]Ajuda!
アジュダ
[ス]¡Socorro!
ソコーロ

やめて!
[カ]Prou!
プロウ
[ス]¡Basta!
バスタ

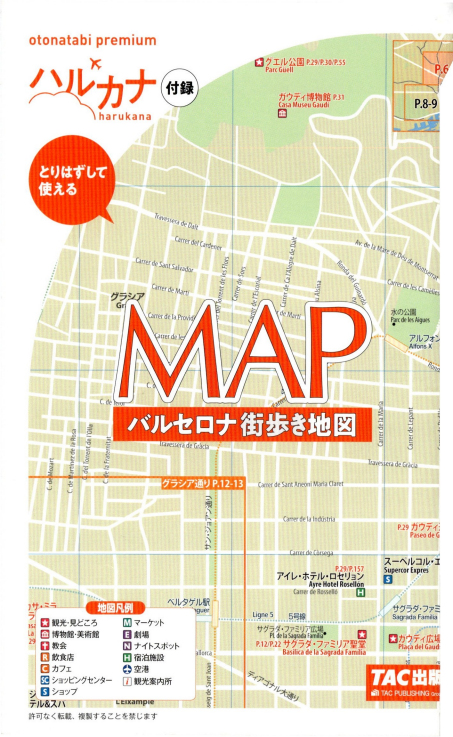